AF453420

L'ANE D'OR

D'APULE'E

PHILOSOPHE PLATONICIEN,

AVEC

LE DEMON DE SOCRATE,

Traduits en François, avec des Remarques.

TOME SECOND.

A PARIS,

Chez MICHEL BRUNET, dans la grande
Salle du Palais, au Mercure Galant.

M. DCC. XXXVI.

AVEC PRIVILEGE DU ROY.

CONVERSATIONS.

L'ANE D'OR
D'APULÉE,
PHILOSOPHE PLATONICIEN.

LIVRE QUATRIE'ME.

ERS l'heure de midi, que le Soleil darde ses rayons avec le plus de force, nous arrivâmes à un village chez de vieilles gens, amis de nos voleurs. Je le connus bien, tout âne que j'étois, à la maniere dont ils les aborderent, à leurs embrassades, & à leurs longs entretiens; outre qu'ils

R iiij

prirent plusieurs choses de ce que
je portois, dont ils leurs firent présent; & je jugeai aux discours qu'ils
tenoient tout bas entr'eux, que
les voleurs leur contoient qu'ils
venoient de voler ce que nous
apportions ; ensuite ils nous déchargerent, & nous mirent en liberté dans un pré qui étoit tout
proche.

Je ne pûs me résoudre à paître
avec mon cheval & l'âne de Milon, n'étant encore guére accoutumé à faire mon dîné de foin.
Pressé donc d'une faim extrême,
je me jettai hardiment dans un
petit jardin que j'avois découvert de loin, qui étoit derriere
la maison, où je mangeai & me
remplis tant que je pûs de toutes
sortes d'herbes potageres, bien
qu'elles fussent cruës ; & priant
tous les Dieux, je regardois de
côté & d'autre, si je ne verrois
point par hazard quelque rosier

fleuri dans les jardins d'alentour. Car étant seul & à l'écart, j'avois lieu d'esperer de me tirer d'affaire, si par le moyen des roses, je pouvois de bête à quatre pieds que j'étois, reprendre ma forme d'homme sans être vû de personne.

L'esprit occupé de cette idée, je découvre un peu plus loin une vallée couverte d'un bocage épais; entre plusieurs sortes d'arbres agréables, j'y voyois éclater la vive couleur des roses. Il me vint une pensée qui n'étoit pas tout-à-fait d'une bête : je crûs que ce bois délicieux par la quantité de roses qui brilloient sous ces ombrages, devoit être le séjour de Venus & des Graces. Alors faisant des vœux au Dieu qui préside aux évenemens, pour me le rendre favorable, je galopai vers cet endroit avec tant de légéreté, qu'il me sembloit que j'étois moins un âne, qu'un brave coursier digne

de paroître aux Jeux Olimpiques.
Mais cet agile & vigoureux effort
ne pût devancer ma mauvaise fortune ; car étant près de ce lieu-là,
je n'y vis point ces charmantes &
délicates roses, pleines de goutes
de rosée, & de nectar que produi-
sent ces buissons heureux au milieu des épines. Je n'y trouvai même aucune vallée, mais seulement
les bords d'un fleuve couverts
d'arbres épais. Ces arbres ont de
longues feüilles comme les lau-
riers, & portent des fleurs rouges
sans odeur, à qui le vulgaire igno-
rant a donné un nom, qui n'est cependant pas donné mal-à-propos,
les nommant à cause de leur couleur, Roses de laurier ; ce qui est
un poison mortel pour toutes sortes d'animaux.

Voyant que tout m'étoit contraire, je ne songeai plus qu'à
mourir, & à manger de ces fleurs
pour m'empoisonner ; mais comme

L

je m'approchois triftement pour en arracher quelques-unes, je vis un jeune homme qui accouroit à moi tout furieux, avec un grand bâton à la main. Je ne doutai point que ce ne fût le Jardinier, qui s'étoit apperçû du dégât que j'avois fait dans fon jardin. Dès qu'il m'eût joint, il me donna tant de coups de bâton, qu'il m'alloit affommer, fi je ne me fuffe fecouru moi-même fort à propos ; car hauffant la croupe, je lui lançai plufieurs ruades, & le jettai fort bleffé au pied de la montagne qui étoit proche, & je pris la fuite.

Dans le moment une femme, qui je crois étoit la fienne, le voyant de loin, étendu par terre comme un homme mort, accourut à lui, faifant des cris lamentables pour exciter la pitié de fes voifins, & les animer contre moi. En effet, les païfans touchés de ses larmes, appellerent tous leurs chiens, & les lâcherent après moi, pour me mettre en pieces. Je me voyois à deux doigts d'une mort inévitable, par le grand nombre de ces mâtins, qui venoient à moi de tous côtés. Ils étoient si grands & si furieux, qu'ils auroient pû combattre des Ours & des Lions. Je crus que le meilleur parti que j'eusse à prendre étoit de ne plus fuir, & de revenir au plus vîte, comme je fis, à la maison où nous étions entrés d'abord. Mais les païsans, après avoir arrêté leurs chiens avec assez de peine, me prirent & m'attacherent avec une bonne couroye à un anneau qui étoit dans le mur, & me mal-traiterent pour la seconde fois si cruellement, qu'ils auroient sans doute achevé de m'ôter la vie, si la douleur des coups qu'on me don-noit, & des playes dont j'étois tout couvert, jointe à la quantité

d'herbes crûës que j'avois man-
gées, n'avoient produit un effet
qui les écarta tous, par la mauvaise odeur dont je les infectai.

Un moment après, le Soleil
commençant à baisser, les voleurs nous rechargerent tous trois,
moi particulierement plus que je
ne l'avois encore été, & nous firent partir. Après que nous eu-
mes marché assez long-tems, fatigué de la longueur du chemin,
accablé de la charge que j'avois
sur le corps, affoibli par les coups
que j'avois reçûs, ayant la corne
des pieds toute usée, boitant &
ne pouvant me soutenir qu'à
peine, je m'arrêtai proche d'un
petit ruisseau qui couloit lentement, dans le dessein de plier les
genoux, & de me laisser tomber
dedans, avec une bonne & ferme
résolution de ne me point relever,
& de n'en point sortir quand on
auroit dû m'assommer à coups de

bâton, ou même à coups d'épée.
Je croyois que je méritois bien
mon congé, foible comme j'étois,
& prêt de mourir, & que les voleurs impatiens de me voir marcher si lentement, dans l'envie
qu'ils avoient de hâter leur fuite,
partageroient ma charge entre
mon cheval & l'âne de Milon,
& me laisseroient en proye aux
Loups & aux Vautours, comme
une assez grande punition pour
moi. Mais la fortune cruelle rendit un si beau dessein inutile. Car
comme si l'autre âne eût deviné
mon intention, il me prévint, &
faisant semblant d'être accablé
de lassitude, tout d'un coup il se
renverse par terre avec tous les
paquets qu'il avoit sur le dos, &
couché comme s'il eût été mort,
il ne fait pas même le moindre
effort pour se relever, quelques
coups de bâton qu'on lui donnât,
& quoiqu'on pût faire en lui levant

la queuë, les oreilles & les jambes.

Les voleurs las, n'en esperant plus rien, & ayant pris conseil entr'eux, pour ne pas s'amuser plus long tems après une bête presque morte, & qui ne remuoit pas plus qu'une pierre, lui couperent les jarêts à coups d'épée, & partagerent sa charge entre le cheval & moi. Il n'étoit pas encore mort, qu'ils le traînerent hors du chemin, & le précipité-rent du haut de la montagne. Alors faisant réfléxion à l'avan-ture de mon pauvre camarade, je pris résolution de n'user plus d'aucun artifice, & de servir mes maîtres fidellement & en âne de bien, d'autant plus que j'avois compris à leurs discours que nous n'avions pas encore beaucoup de chemin à faire pour gagner le lieu de leur retraite, où devoient fi-nir notre voyage & nos fatigues. Enfin après avoir encore monté

une petite colline, nous arrivâmes à l'habitation des voleurs ;
ils commencerent par nous dé-
charger, & ferrerent tout ce que
nous apportions. Ainsi, délivré
du fardeau que j'avois sur le corps,
au lieu de bain pour me délasser,
je me roulois dans la poussiere.

Il est à propos présentement
que je vous fasse la description
de cet endroit, & de la caverne
où se retiroient nos voleurs ; car
j'éprouverai par là les forces de
mon esprit, & vous ferai connoître en même-tems si j'étois âne
par les sens & l'éntendement,
comme je l'étois par la figure.
C'étoit une montagne affreuse,
& des plus hautes, toute couverte
d'arbres épais, entourée de rochers escarpés & inaccessibles,
qui formoient des précipices effroyables, garnis de ronces &
d'épines, ce qui aidoit à en défendre les approches. Du haut
de

C. Wieringen Inuen. H. le Roy ex.

de la montagne fortoit une groffe
fontaine, qui précipitant fes eaux
jufqu'en bas, fe féparoit en plufieurs ruiffeaux, & formant enfuite un vafte étang, ou plûtôt une
petite mer, entourroit cette retraite. Au-deffus de la caverne,
qui étoit fur le penchant de la
montagne, on voyoit une maniere de fort, foutenu par de
groffes pieces de bois, environné
de clayes bien jointes enfemble,
dont les côtés plus étendus &
s'élargiffans, laiffoient un efpace
propre à retirer du bétail. Des
hayes d'une grande étenduë en
forme de murailles, couvroient
l'entrée de la caverne. Vous ne
douterez pas, je croi, qu'un lieu
tel que je vous le dépeins, ne fût
une vraye retraite de voleurs. Il
n'y avoit aux environs aucune
maifon, qu'une méchante petite
cabane groffierement couverte
de rofeaux, où toutes les nuits,

Tome I.   S

suivant que je l'ai appris depuis, celui des voleurs sur qui le sort tomboit alloit faire sentinelle.

Dès qu'ils furent arrivés, ils nous attacherent avec de bonnes couroyes à l'entrée de la caverne, où ils se glisserent avec peine, & comme en rempant les uns après les autres. Aussi-tôt ils appellerent une femme toute courbée de vieillesse, qui paroissoit être chargée elle seule du soin de leur ménage. C'est donc ainsi, lui dirent-ils en fureur, vieille sorciere, opprobre de la nature, rebut de l'Enfer ; c'est donc ainsi que restant les bras croisés à ne rien faire, tu te donneras du bon tems, & qu'après tant de fatigues & de dangers que nous avons essuyés, nous n'aurons pas la satisfaction de trouver, aussi tard qu'il est, quelque chose de près pour notre soupé ? toi, qui jour & nuit ne fais ici autre chose que boire &

t'enyvrer. La pauvre vieille toute tremblante leur répondit d'une voix cassée : Mes braves maîtres, vous avez suffisamment de viande cuite & bien apprêtée, du pain plus qu'il n'en faut, & du vin en abondance, les verres même sont rincés. De plus, j'ai fait chauffer de l'eau pour vous servir de bain à tous, comme vous avez de coutume. Aussi-tôt ils se deshabillerent tous nuds, & se chaufferent devant un très-grand feu pour se délasser. S'étant ensuite lavés avec de l'eau chaude, & frottés avec de l'huile, ils se mirent tous autour de plusieurs tables couvertes de quantité de viandes.

A peine étoient-ils placés, qu'on vit arriver une autre troupe de jeunes hommes, encore plus nombreuse que celle-ci. Il n'étoit pas difficile de juger que c'étoient aussi des voleurs, car ils apportoient un riche butin, tant en or

& en argent monnoyé, qu'en vaiſ-
ſelle de même matiere, & en habits de ſoyes brodés d'or. Après
s'être lavés comme les premiers,
ils ſe mirent à table avec eux.
Ceux à qui il étoit échû de ſervir
les autres, en faiſoient l'office.
Alors chacun ſe met à boire & à
manger ſans ordre ni meſure ; ils
mêlent tous leurs plats & leurs
viandes enſemble , mettent le
pain , les pots & les verres ſur la
table, parlent tous à la fois, chantent & rient confuſément, diſent
toutes les groſſieretés qui leur
viennent à la bouche, & font un
bruit & un vacarme auſſi épou-
vantable que celui des Lapithes
& des Centaures.

Un d'entre eux , qui étoit d'une
taille & d'une force au-deſſus des
autres , commença à dire : Nous
avons bravement pillé la maiſon
de Milon à Hipate, outre qu'avec
le butin conſiderable que nous y

avons fait à la pointe de l'épée, nous sommes tous revenus ici sains & saufs; & si cela se peut encore compter pour quelque chose, nous sommes de retour avec huit jambes de plus que quand nous sommes partis. Mais vous qui venez de parcourir les villes de Béotie, votre troupe est revenuë bien affoiblie par la perte que vous avez faites, entr'autres du brave Lamaque votre chef, dont certainement j'aurois préféré le retour à toutes ces richesses que vous avez apportées. Mais quoiqu'il en soit, il n'a péri que pour avoir eu trop de valeur, & la mémoire d'un si grand homme sera toujours recommandable parmi les plus grands Capitaines & les fameux guerriers. Car pour vous autres, honnêtes voleurs, vous n'êtes propres qu'à prendre en cachette & timidement quelques miserables hardes dans les bains publics, ou dans les maisons de quelques pauvres vieilles femmes.

Un de ceux qui étoient venus les derniers, lui répondit : Es-tu le seul qui ne sçache pas que les grandes maisons sont les plus aisées à piller ; car quoiqu'elles soient pleines d'un grand nombre de domestiques, chacun d'eux cependant songe plûtôt à conserver sa vie, que le bien de son maître. Mais les gens qui vivent seuls, & retirez chez eux, soit par la médiocrité de leur fortune, ou pour ne pas paroître aussi à leur aise qu'ils le sont, défendent ce qu'ils ont avec beaucoup plus d'ardeur, & le conservent au péril de leur vie. Le récit de ce qui nous est arrivé, vous prouvera ce que je vous dis.

A peine fûmes-nous à Thebes, que nous étant soigneusement informés des biens des uns & des autres (car c'est le premier soin

des gens de notre profession)
nous découvrîmes un certain
Banquier nommé Chryseros, qui
avoit beaucoup d'argent comp-
tant, mais qui cachoit son opulence avec tout le soin & l'application possible, dans la crainte
d'être nommé aux emplois, ou
de contribuer aux charges publiques. Pour cet effet il ne voyoit
personne, & vivoit seul dans une
petite maison, assez bien meu-
blée à la vérité ; mais d'ailleurs
il étoit vêtu comme un miserable,
au milieu de ses sacs pleins d'or
& d'argent qu'il ne perdoit pas
de vûë.

Nous convinmes donc entre-
nous de commencer par lui, parce
que n'ayant affaire qu'à un homme seul, nous croyons ne ren-
contrer aucun obstacle à nous
rendre maîtres de toutes ses richesses. Nous ne perdîmes point
de tems ; nous nous trouvâmes à

l'entrée de la nuit devant sa porte ; mais nous ne jugeâmes pas à propos de la soulever, ni de l'ouvrir avec effort, encore moins de la rompre, de peur que le bruit que cela auroit fait, n'armât le voisinage contre nous. Lamaque donc, notre illustre chef, se confiant en son courage, passe la main tout doucement par un trou, qui servoit à fourrer la clef en-dedans pour ouvrir la porte, & tâchoit d'arracher la serrure. Mais ce Chryseros, le plus méchant & le plus rusé de tous les hommes, nous épioit depuis long-tems, & remarquant ce qui se passoit, il descend sans faire le moindre bruit,& avec un grand clou poussé violemment, il perce la main de notre Capitaine, & l'attache contre la porte. Le laissant ainsi cruellement cloué comme en un gibet, il monte sur le toît de sa méchante petite maison, d'où il se met à
crier

crier de toute sa force, demandant du secours aux voisins, les appellant tous par leur nom, & les avertissant de prendre garde à eux, que le feu venoit de se mettre à sa maison. Les voisins épouvantés par la crainte d'un danger qui les regardoit de si près, accourent de tous côtés au secours.

Alors voyant que nous allions être surpris, ou qu'il falloit abandonner notre camarade, nous trouvâmes un temperamment, de concert avec lui, qui fut de lui couper le bras par la jointure du milieu, que nous laissâmes attaché à la porte, & après avoir enveloppé la playe de Lamaque avec des linges, de peur qu'on ne nous suivît à la trace du sang qu'il perdoit, nous l'emportâmes, & nous nous retirâme fort vîte.

Mais comme nous étions en inquiétude, voyant tout le quartier

en allarmes, & qu'enfin le péril
qui croissoit nous eût épouvantés
au point que nous fûmes obligés
de précipiter notre fuite , cet
homme le plus courageux, & le
plus ferme qui fut jamais, n'ayant
pas la force de nous suivre assez
vîte, & ne pouvant rester sans
danger, nous conjuroit par les
prieres les plus touchantes, par
le bras droit du Dieu Mars, par
la foi que nous nous étions pro-
mise les uns aux autres, de mettre hors du danger d'être traîné
en prison, & livré au supplice le
fidele compagnon de nos exploits:
Car pourquoi, disoit-il, un voleur qui a du cœur voudroit-il
vivre après avoir perdu la main
qui lui servoit à piller & à égorger , ajoutant qu'il se trouvoit
assez heureux de pouvoir mourir
par la main d'un de ses camarades. Et comme pas un de nous,
quelque priere qu'il nous en fît,

ne vouloit commettre ce parricide de sang froid, il prend son poignard avec la main qui lui restoit, & l'ayant baisé plusieurs fois, il se le plonge de toute sa force dans la poitrine. Alors admirant la grandeur de courage de notre généreux chef, après avoir enveloppé son corps dans un drap, nous l'avons donné en garde à la mer, & notre Lamaque a présentement pour tombeau tout ce vaste élement. C'est ainsi que ce grand homme a fini sa carriere, faisant une fin digne de son illustre vie.

A l'égard d'Alcime, quoiqu'il eût beaucoup de prudence & d'adresse en tout ce qu'il entreprenoit, il n'a pû éviter sa mauvaise fortune. Car ayant percé la méchante petite maison d'une vieille femme, pendant qu'elle dormoit, & étant monté dans sa chambre, au lieu de commencer par l'étrangler, il voulut auparavant nous jetter ses meubles par la fenêtre. Après qu'il eût déménagé tout ce qui étoit dans la chambre, ne voulant pas épargner le lit où cette femme étoit couchée, il la jetta sur le plancher, prit sa couverture, & comme il la portoit du côté de la fenêtre, cette vieille scélérate se met à genoux devant lui, en lui disant : Hélas! mon enfant, pourquoi donnez-vous les miserables hardes d'une pauvre femme à de riches voisins chez qui vous les jettez, par cette fenêtre qui regarde sur leur maison? Alcime trompé par cet artifice, craignant que ce qu'elle disoit ne fût vrai, & que les meubles qu'il avoit jettés en bas, & ceux qu'il avoit encore à y jetter, au lieu de tomber entre les mains de ses camarades, ne tombassent dans quelque maison voisine, se met à la fenêtre pour en sçavoir la vérité, & se panche en-dehors pour examiner s'il n'y avoit point quelque bon coup à faire dans la maison prochaine dont elle lui avoit parlé. Mais comme il portoit ses regards avec attention de tous côtés sans aucune précaution, cette maudite vieille, quoique foible, le poussa d'un coup subit & imprévû, & le précipita dans la ruë ; ce qui lui fut d'autant plus facile, que la grande application qu'il avoit à regarder de tous côtés, l'avoit fait avancer sur la fenêtre, & se mettre comme en équilibre. Outre qu'il fut jetté de fort haut, il tomba sur une grosse pierre qui étoit proche de la maison, où il se rompit les côtes & se brisa tout le corps ; de maniere que vomissant des flots de sang, il a rendu l'ame sans souffrir un long tourment, n'ayant eu que le tems de nous raconter comme la chose s'étoit passée.

T iij

Nous le mîmes avec Lamaque,
pour lui fervir de digne compagnon, leur donnant à tous deux
une même fépulture.

Notre troupe ainfi affoiblie par
la perte de ces deux hommes, nous
nous trouvâmes fort rebutés, &
ne voulant plus rien entreprendre
dans Thebes, nous avons été à
Platée, qui en eft la ville plus
proche. Nous y avons trouvé un
homme fameux nommé Demo-
charés : il étoit prêt de donner
au peuple un fpectacle de Jeux
& de Gladiateurs. C'eft une perfonne de grande qualité, puif-
famment riche, d'une magnificence & d'une liberalité extraordinaire, qui fe plaît à donner des
fêtes & des fpectacles dignes de
l'éclat de fa fortune. Mais qui
pourroit avoir affez d'efprit &
d'éloquence pour bien décrire
les differens préparatifs qu'il or-
donnoit pour cet effet ? Il avoit

des troupes de Gladiateurs fameux, des Chaſſeurs d'une agilité éprouvée ; des criminels condamnés à la mort, qu'il engraiſſoit pour ſervir dans les ſpectacles de pâture aux bêtes féroces. Il avoit fait conſtruire une grande machine de bois, avec des tours, comme une eſpece de maiſon roulante, ornée de diverſes peintures, pour mettre tout ce qui devoit ſervir aux chaſſes d'animaux, quand on voudroit les faire repréſenter. Qui pourroit raconter le nombre & les differentes ſortes de bêtes, qui ſe trouvoient chez lui ? car il avoit eu ſoin de faire venir de tous côtés ces tombeaux vivans de criminels condamnés.

Mais de tout l'appareil de cette fête magnifique, ce qui lui coutoit le plus, c'étoit une quantité d'Ours d'une grandeur énorme, dont il avoit fait proviſion ; car

T iiij

fans compter ceux qu'il avoit pû
faire prendre par fes Chaffeurs,
& ceux qu'il avoit achetés bien
cher, fes amis lui en avoient encore donné un grand nombre,
& il les faifoit tous garder & nourrir avec beaucoup de foin & de
dépenfe. Mais ces fuperbes préparatifs qu'il faifoit pour des Jeux
publics, ne furent point à couvert des difgraces de la fortune.
Car ces Ours ennuyés de n'être
point en liberté, amaigris par les
grandes chaleurs de l'Eté, foibles
& languiffans, faute d'exercice,
furent attaqués d'une maladie
contagieufe, & moururent prefque tous. On voyoit de côté &
d'autre les corps mourans de ces
animaux étendus dans les ruës;
& ceux d'entre le peuple qui font
dans la derniere mifere, accoutu-
més à manger tout ce qu'ils trou-
vent, qui ne leur coute rien, quelque mauvais qu'il foit, venoient

de toutes parts prendre de la chair de ces bêtes, pour assouvir leur faim.

Cela nous a donné occasion, à Babule que vous voyez & à moi, d'imaginer un tour, fort subtil. Nous avons pris le plus gras de ces Ours, que nous avons emporté chez nous, comme pour le manger. Nous avons détaché de sa peau toutes ses chairs, y conservant néanmoins ses griffes & sa tête jusqu'à la jointure du cou. Nous avons bien raclé cette peau, & après l'avoir saupoudrée de cendre, nous l'avons exposée au Soleil ; pendant que la chaleur de ses rayons la dessechoit & la préparoit, nous mangions de grand appétit de tems en tems des meilleurs endroits de la chair de cet animal, & nous convînmes alors tous ensemble, qu'il falloit que celui d'entre nous qui auroit encore plus de courage que

de force de corps, s'envelopât
de cette peau, en cas cependant
qu'il le voulût bien, qu'il con-
trefît l'Ours, & se laissât mener
chez Democharés, pour nous ouvrir la porte de sa maison pendant le silence de la nuit.

Il y en eut beaucoup de notre
vaillante troupe, qui trouvant la
chose bien imaginée, s'offrirent
de l'entreprendre. Trasileon entr'autre, à qui chacun a donné
sa voix, a bien voulu en courir
le hazard. Avec un visage serein
il s'enferme dans cette peau, qui
étoit bien préparée & douce à
manier. Nous la lui cousons fort
juste sur le corps, & quoique la
couture que nous faisions aux endroits que nous joignions ensemble parût fort peu, nous ne lais-
sons pas de raprocher le poil qui
étoit aux deux côtés, & de l'a-
battre dessus pour la couvrir.
Nous lui faisons passer la tête

dans le cou de l'Ours jufqu'à la tête de la bête, & après avoir fait quelques petits trous vis-à-vis de fes yeux & de fon nez, pour lui laiffer la vûë & la refpiration libres, nous faifons entrer notre brave camarade ainfi travefti dans une cage, que nous avions euë pour peu de chofe, où de lui-même il fe jette gayement.

Ayant ainfi commencé notre fourberie, voici comme nous l'achevons. Nous nous fervons du nom d'un certain Nicanor de Thrace, que nous avions appris être en grande liaifon d'amitié avec Democharés, & nous faifons une fauffe lettre, par laquelle il paroiffoit que cet ami lui envoyoit les prémices de fa chaffe, pour faire honneur aux Jeux qu'il devoit donner au public. La nuit vient, elle étoit favorable à notre deffein ; nous allons préfenter cette lettre à

Democharés avec la cage où
étoit Thrasileon. Surpris de la
grandeur de cette bête, & ravi
du présent que son ami lui faisoit si à propos, il commande
qu'on nous donne sur le champ
dix pieces d'or, pour notre peine
de lui avoir apporté une chose qui
lui faisoit tant de plaisir.

Comme les hommes courent
naturellement après les nouveau-
tés, beaucoup de gens s'amas-
soient auprès de cet animal, &
le consideroient avec étonnement. Notre Trasileon que tant
de regards curieux inquiétoient,
avoit l'adresse de les écarter de
tems en temps, faisant semblant
de se jetter sur eux en fureur. Ils
disoient tous, que Democharés
étoit fort heureux, après la perte
qu'il avoit faite de tant d'animaux, d'en avoir recouvert un,
qui pouvoit en quelque façon ré-
parer le dommage que la fortune

lui avoit caufé. Il commande
qu'on porte à l'heure même cet
Ours à fa maifon de campagne ;
mais prenant la parole : Monfei-
gneur, lui dis-je, gardez-vous
bien de faire mettre cette bête
haraffée par la longueur du chemin, & par la chaleur du Soleil
avec les autres ; qui, à ce que j'en-
tens dire, ne fe portent pas trop
bien : il feroit plus à propos de
la mettre chez vous, en quelque
endroit fpacieux, où elle eût bien
de l'air, & même où elle pût
trouver de l'eau pour fe rafraî-
chir. Vous n'ignorez pas que ces
fortes d'animaux n'habitent que
des cavernes humides, au fond
des bois dans des païs froids fur
des montagnes, où ils fe plaifent
à fe baigner dans l'eau vive des
fontaines.

Democharés faifant réfléxion
à la quantité de bêtes qu'il avoit
perduës, & craignant pour celle-ci

fur ce que je lui difois, confent
aifément que nous choififfions
chez lui l'endroit que nous juge-
rions le plus propre pour y placer
la cage où notre Ours étoit enfermé. Nous nous offrons de coucher auprès toutes les nuits, afin
d'avoir foin, difions-nous, de
donner aux heures néceffaires la
nourriture qui convenoit à cet
animal fatigué du voyage & de
la chaleur. Il n'eft pas befoin que
vous en preniez la peine, nous
dit Democharés, il y a peu de
mes gens qui ne fçachent la maniere de nourrir des Ours, par
l'habitude qu'ils en ont. Après
cela nous prenons congé de lui,
& nous nous retirons.

Etant fortis hors des portes de
la ville, nous appercevons des
tombeaux loin du grand chemin,
dans un endroit folitaire & écarté,
& dans le deffein d'y venir cacher
le butin que nous efperions de

faire, nous en ouvrons quelques-
uns, que la longueur des tems
avoit à moitié détruits où il n'y
avoit que des corps réduits en
cendre & en pouſſiere. Enſuite,
ſelon notre coutume ordinaire en
de pareilles occaſions, à l'heure
de la nuit la plus ſombre, que
tout le monde eſt enſeveli dans
le premier ſommeil, nous nous
trouvons tous, & nous nous poſ-
tons devant la porte de Democharés, bien armés, comme à un
rendez-vous pour faire un pillage.
De ſon côté Thraſileon prend le
moment favorable à notre deſſein pour ſortir de ſa cage, poi-
gnarde ſes gardes endormis, en
fait autant au portier de la maiſon, lui prend ſes clefs & nous
ouvre la porte. Y étant tous entrés avec précipitation, il nous
montre un cabinet où il avoit
remarqué finement qu'on avoit
ſerré beaucoup d'argent le ſoir

même. La porte en eſt bien-tôt
briſée par les efforts de tout ce
que nous étions. J'ordonne à mes
camarades de prendre chacun
autant d'or & d'argent qu'ils en
pourroient porter , & de l'aller
promptement cacher dans les
tombeaux de ces morts, ſur la
fidelité deſquels nous pouvions
compter ; & je leur dis de revenir
auſſi-tôt pour achever de piller
tout ce que nous trouverions, &
que pour la ſureté commune j'allois reſter ſur la porte de la maiſon , d'où j'aurois l'œil à ce qui ſe
paſſeroit juſqu'à leur retour.

Cependant la figure de cet
Ours prétendu , me ſemboit fort
propre à épouvanter les domeſtiques , ſi par hazard il y en avoit
quelques-uns qui ne dormiſſent
pas. En effet, qui ſeroit l'homme,
quelque brave & intrépide qu'il
pût être, qui voyant venir à lui une
grande bête effroyable comme
celle-là ,

celle-là, particulierement la nuit,
ne se sauvât bien vîte, & tout ef-
frayé ne courût se renfermer dans
sa chambre.

Mais après toutes les mesures
que nous avions si bien prises, il
n'a pas laissé de nous arriver un
cruel accident. Car pendant que
j'attends fort inquiet le retour
de mes camarades, un petit co-
quin de valet surpris du bruit que
faisoit l'Ours, se traîne tout doucement pour voir ce que c'étoit,
& ayant apperçû cette bête qui
alloit & venoit librement par
toute la maison, il retourne sur
ses pas, sans faire le moindre bruit,
& va avertir tout le monde de
ce qu'il venoit de voir. Aussi-tôt
paroît un grand nombre de domestiques ; la maison est éclairée
dans un moment par quantité de
lampes & de flambeaux qu'ils
mettent de tous côtés; ils se portent les uns & les autres dans les

passages tous armés d'une épée,
d'un bâton ou d'un épieu, & lâ-
chent les chiens de chasse après
la bête pour l'arrêter. Voyant
que le bruit & le tumulte aug-
mentoit, je sors vîte, & vais me
cacher derriere la porte de la
maison, d'où je voyois Thrasileon qui se défendoit merveil-
leusement bien contre les chiens,
& quoiqu'il touchât aux derniers
momens de sa vie, cependant le
soin de sa gloire & de nos interêts, le faisoit encore résister à
la mort qui l'environnoit de toutes parts, & soutenant toujours
le personnage dont il s'étoit
volontairement chargé, tantôt
fuyant, tantôt tenant tête; enfin
il fait tant par ses tours d'adresse
& par ses mouvemens differens,
qu'il s'échape de la maison. Mais
quoiqu'il se fût mis en liberté, il
ne pût se garentir de la mort par
la fuite; car un grand nombre

5

de chiens du voifinage fe joignent
à ceux qui le pourfuivoient, &
tous s'acharnent contre lui Ce
fut alors un fpectacle bien funefte & bien pitoyable, de voir
notre Thrafileon en proye à cette
quantité de chiens en fureur qui
le dévoroient & le mettoient en
pieces.

A la fin n'étant plus le maître de ma douleur, je me fourre
au milieu du peuple qui s'étoit
amaffé, & pour donner à mon
cher camarade le feul fecours
qui pouvoit dépendre de moi,
je m'adreffe à ceux qui animoient
encore les chiens : O quel grand
dommage, leur difois-je, que
nous perdons-là un précieux animal ! mais mon artifice, & tout
ce que je pûs dire, ne fervit de
rien à ce pauvre malheureux ; car
dans le moment un homme fort
& vigoureux fort de la maifon de
Democharés, & vient enfoncer

on épieu dans le ventre de l'Ours:
un autre en fait autant, & plufieurs que cela avoit rafsurés, s'en
approchent de plus près, & le
percent de coups d'épée. Enfin
Thrafileon, l'honneur de notre
troupe, avec un courage digne
de l'immortalité, ne laiffe point
ébranler fa conftance, & ne fait
pas le moindre cri, ni la moindre
plainte qui puiffe le trahir & découvrir notre deffein, mais tout
déchiré, & percé de coups qu'il
étoit, imitant toujours le mugiffe-
ment d'un Ours, & bravant la
mort avec une vertu héroïque,
il conferve fa gloire en perdant
la vie.

Cependant la terreur qu'il
avoit répanduë parmi tous ces
gens-là, étoit telle, que jufqu'à ce qu'il fût grand jour, pas
un feul n'a ofé toucher feulement
du bout du doigt ce prétendu
animal étendu fur le carreau,

hors un Boucher un peu plus
hardi que les autres, qui s'en
approchant doucement & avec
quelque crainte, lui fend le ventre, & expose aux yeux de tous
cet illustre voleur. Voilà de quelle
maniere nous avons encore perdu
Thrasileon ; mais sa gloire ne pé-
rira jamais. Ensuite ayant pris à la
hâte les paquets que ces morts
nous avoient fidellement gardés,
nous nous sommes éloignés le plus
vîte qu'il nous a été possible de la
ville de Platée, faisant les uns & les
autres plusieurs fois cette réfléxion, que certainement la bonne
foi n'habitoit plus parmi les vivans,
& qu'en haine de leur perfidie,
elle s'étoit retirée chez les morts.
Enfin fort fatigués de la pesanteur
de nos paquets, & du chemin long
& rude que nous avons fait, ayant
perdu trois de nos camarades,
nous sommes arrivés ici avec le
butin que vous voyés.

Quand ce difcours fut fini, ils bûrent dans des coupes d'or du vin pur à la mémoire de leurs compagnons qui étoient morts, & en répandirent en facrifice, chantant quelques Hymnes à l'honneur du Dieu Mars ; enfuite ils prirent un peu de repos. La vieille femme nous donna de l'orge en abondance & fans la mefurer ; de maniere que mon cheval, qui mangeoit fa portion & la mienne, n'étoit pas moins aife que s'il eût fait auffi bonne chere que les Prêtres Saliens. Pour moi, quoique j'aye toujours affez aimé l'orge mondé comme les hommes le mangent, je ne ba-lançai point à quitter celui-là qui étoit crud, pour aller dans un coin où j'avois apperçû ce qui étoit refté de pain du repas qu'on venoit de faire, dont je mangeai avec une avidité & un appétit extraordinaire.

La nuit étant assez avancée, les voleurs s'éveillerent & songerent à décamper. Ils s'équipperent differemment : les uns s'armerent d'épées, & les autres se déguiserent en phantômes. En cet état, ils sortirent tous à la hâte. A mon égard le sommeil qui me pressoit ne m'empêcha point de manger de la même force, & quoique je fusse content à chaque repas d'un pain ou de deux tout au plus quand j'étois Lucius, alors contraint de m'accommoder à la capacité de mon estomac, j'achevois la troisiéme corbeille pleine de pain, & je fus bien étonné que le jour me surprit en cette occupation. Je m'en retirai enfin, avec peine à la vérité, cependant comme un âne qui a de la pudeur, & j'allai appaiser ma soif à un petit ruisseau qui n'étoit pas loin de là.

Peu de tems après, les voleurs

arriverent en grand - hâte & fort
émus, ne rapportant à la vérité
aucun paquet, pas même un miferable manteau ; mais l'épée à la
main, ils amenoient une jeune
fille, belle & bien faite. Il étoit
aifé de juger que c'étoit quelque
fille de la premiere qualité, &
je vous jure qu'elle me plaifoit
bien, tout âne que j'étois Elle
fe défefperoit, elle déchiroit fes
habits & s'arrachoit les cheveux
d'une maniere digne de pitié.
Quand ils furent tous entrés
dans la caverne, ils lui repréfen-
terent qu'elle n'avoit pas raifon
d'être affligée au point qu'elle
l'étoit. Ne craignez rien, lui di-
foient-ils, votre vie & votre honneur font en fureté. Ayez patience
pour un peu de tems, que votre
enlevement nous vaille quelque
chofe. C'eft la néceffité qui nous
force à faire le métier que nous
faifons. Votre pere & votre mere

qui

qui ont des biens immenses, tire-
ront bien-tôt de leurs coffres, malgré leur avarice, ce qu'il faut pour
racheter leur chere fille. Ces difcours, & quelques autres fembla-
bles qu'ils lui tenoient confufé-
ment les uns & les autres, ne di-
minuerent point fa douleur ; &
tenant toujours fa tête panchée
fur fes genoux, elle continuoit à
pleurer de toute fa force.

Les voleurs appellerent la vieille
femme, lui ordonnerent de s'af-
féoir auprès d'elle, & de l'entretenir de difcours les plus obli-
geans & les plus gracieux qu'elle
pourroit, pour tâcher de calmer
fon affliction ; enfuite ils s'en allerent chercher fuivant leur coutume à exercer leur métier. Tout
ce que la vieille pût dire à cette
jeune fille, n'arrêta point le cours
de fes larmes ; au contraire, pa-
roiffant encore plus agitée qu'elle
n'a oit été, par les fanglots con-

tinuels qui fortoient du fond de fa poitrine ; elle redoubla fes gémiffemens avec tant de force, & d'une maniere fi touchante, qu'elle me fit pleurer auffi. Hélas ! difoit-elle, malheureufe que je fuis, puis-je ceffer de répandre des pleurs, & comment pourrai-je vivre, arrachée d'une maifon comme la mienne, loin de toute ma famille, d'un pere & d'une mere fi refpectables, & de mes chers domeftiques ! efclave & devenuë la proye d'un malheureux brigandage, enfermée dans une caverne, privée de toutes les délices qui conviennent à une perfonne de ma naiffance, dans lefquelles j'ai été élevée, & prête à tout moment d'être égorgée au milieu d'une troupe affreufe de voleurs, de fcélérats & d'affaffins.

Après avoir ainfi déploré fa trifte deftinée, la gorge enflée à force de fanglots, le corps abbatu de laſſitude, & l'eſprit accablé de douleur, elle ſe laiſſa aller au ſommeil, & ſes yeux languiſſans ſe fermerent. Peu de tems après qu'elle fut endormie, ſe réveillant tout d'un coup comme une forcenée, elle recommença à pleurer & à gémir, beaucoup plus violemment encore qu'elle n'avoit fait, ſe donnant des coups dans la poitrine, & meurtriſſant ſon beau viſage. Et comme la vieille la prioit avec inſtance de lui dire quel nouveau ſujet elle pouvoit avoir pour s'affliger à un tel excès : Ah ! s'écria la jeune fille, en pouſſant de triſtes ſoupirs ; ah ! je ſuis perduë maintenant ! je ſuis perduë ſans reſſource, il ne me reſte plus aucune eſperance ; je ne dois plus ſonger qu'à chercher une corde, un poignard, ou quelque précipice pour finir tout d'un coup mes malheurs.

Alors la veille ſe mettant en

colere, lui dit d'un visage plein d'aigreur & de dureté, qu'elle vouloit absolument sçavoir ce qu'elle avoit à pleurer de la sorte, & pourquoi immédiatement après avoir pris un peu de repos, elle recommençoit ses lamentations avec tant de violence. Quoi ! lui disoit-elle, avez-vous envie de frauder mes jeunes maîtres du profit qu'ils esperent tirer de votre rançon ? Si vous prétendez passer outre, comptez que malgré vos larmes (ce qui touche ordinairement fort peu les voleurs) je vous ferai brûler toute vive. La jeune fille épouvantée de cette menace lui prit la main, & la lui baisant : Pardonnez-moi, lui dit-elle, ma bonne mere, je vous en conjure, conservez quelques sentimens d'humanité, ayez un peu de pitié de l'état déplorable ou je me trouve. Je ne puis croire qu'ayant atteint cette vénérable vieilleffe , vous vous foyez dépoüillée de toute com-paffion ; au refte écoutez le récit de mes malheurs.

Un jeune homme, beau, bien fait, & de la premiere qualité, fi aimable, qu'il n'y a perfonne dans la ville qui ne l'aime comme fon propre fils, mon proche parent, âgé feulement de trois ans plus que moi, avec qui j'ai été élevée & nourrie en même maifon , dont la foi m'étoit engagée depuis long-tems , fuivant l'intention de fa famille & de la mienne , qui nous avoient deftinés l'un pour l'autre, & qui venoient de paffer notre contrat de mariage : ce jeune homme, dis-je, accompagné d'un grand nombre de fes parens & des miens, qui s'étoient raffemblés pour nos nôces , immoloit des victimes dans les Temples des Dieux ; toute notre maifon ornée de branches de laurier, éclairée

X iij

par les torches nuptiales, retentiſſoit des chants de notre himenée ; ma mere me tenant dans ſes
bras, me paroit de mes habits de
nôces, me donnant mille baiſers,
& faiſant des vœux, dans l'eſpérance de voir bien-tôt des fruits
de mon mariage, quand tout d'un
coup paroît une troupe de bri-
gands l'épée à la main, prête à livrer combat. Ils ne ſe mettent
point en devoir de piller ni d'égorger ; mais tous enſemble ils ſe jettent en foule dans la chambre où
j'étois, & m'arrachent plus morte
que vive d'entre les bras tremblans
de ma mere, ſans qu'aucun de nos
domeſtiques faſſe la moindre réſiſtance. Ainſi nos nôces ſont troublées, comme celles de Pirithoüs
& d'Hyppodamie.

Mais ce qu'il y a de plus cruel,
ce qui augmente & met le comble à mon infortune, c'eſt le rêve
que je viens de faire en dormant.

6

Il m'a semblé qu'on me tiroit avec violence de ma chambre, & même de mon lit nuptial ; que l'on m'emportoit par des lieux écartés & déferts, où j'appellois continuellement à mon fecours mon époux infortuné, qui fe voyant fi-tôt privé de mes embraffemens, couroit après ceux qui m'enlevoient encore, tout parfumé d'effences & couronné de fleurs ; & comme il crioit au fecours, fe plaignant qu'on lui raviffoit fon aimable & chere époufe, un des voleurs irrité de ce qu'il nous fuivoit avec tant d'opiniâtreté, a pris une groffe pierre dont il a frappé ce pauvre jeune homme, & l'a étendu mort fur la place. Une vifion fi affreufe ma réveillée en furfaut toute épouvantée.

La vieille alors répondant par quelques foupirs aux larmes que la jeune fille verfoit en abondance, lui parla ainfi. Prenez bon courage, ma chere enfant, & que les vaines fictions des fonges ne vous allarment point; car outre qu'on tient que les images que le fommeil produit pendant le jour, font fauffes & trompeufes; on croit de plus que celles qu'il nous offre pendant la nuit fignifient fouvent le contraire de ce qu'elles repréfentent. Rêver qu'on pleure, qu'on eft battu, & quelquefois même qu'on nous coupe la gorge, font des préfages de gain & de profperité; au contraire, quand on fonge qu'on rit, qu'on mange quelques mets délicats & friands, ou qu'on goûte les plaifirs de l'amour, cela annonce de la trifteffe, de la langueur, quelque perte ou quelque fujet d'affliction. Mais je veux tâcher tout préfentement de vous diftraire de votre douleur par quelques jolis contes du tems paffé.

LA MOVR DE
CVPIDO ET DE
PSICHÉ MERE DE
VOLVPTÉ, prise des
Cinq & Sixiesme liures
de la Metamorphose de
lucius Apuleius philoso=
=phe. nouuellement hist=
=oriée, & Exposée
en Vers Francois.
Auec priuilege du Roy.
Leonar. galter. fec. & excu.

Apuleus a Descrit vne fable,
Luy transformé, gentement Poursuyuie,
D'vne espousee elegante & Aymable
Par des brigans furtiuement suyuie,
Qui fut le iour de ses noces Rauie.
Puys vne vielle Ayant la garde d'elle,
Pour diuertir vn sommeil qui l'ennuye
Luy vint Conter de Psiché la nouuelle.

I.

1 Il y avoit dans une certaine ville un Roi & une Reine, qui avoient trois filles, toutes trois fort belles. Quelques charmes que puſſent avoir les deux aînées, il n'étoit pas impoſſible de leur donner des loüanges proportionnées à leur mérite. Mais pour la cadette, ſa beauté étoit ſi rare & ſi merveilleuſe, que toute l'éloquence humaine n'avoit point de termes pour l'exprimer, & pour en parler aſſez dignement. Les peuples de ce païs-là, & quantité d'étrangers, que la réputation d'une ſi grande merveille y attiroit, reſtoient ſaiſis d'étonnement & d'admiration, quand ils voyoient cette beauté, dont jamais aucune autre n'avoit approché, & l'adoroient religieuſement, comme ſi ç'eût été Venus elle-même.

Le bruit couroit déja par tout chez les nations voiſines, que la Déeſſe à qui l'Océan a donné la naiſſance, & qui a été élevée dans ſes flots, étoit deſcenduë des cieux, & ſe faiſoit voir ſur la terre ſous la figure d'une mortelle ; ou du moins que la terre, après la mer, avoit produit par une nouvelle influence des Aſtres, une autre Venus qui avoit l'avantage d'être fille. Cette opinion ſe fortifioit chaque jour, & ſe répandit dans les Provinces & dans les Iſles voi-ſines, & de là preſque dans tout l'univers. On voyoit arriver de toutes parts des hommes qui avoient traverſé des païs immen-ſes, & d'autres qui s'étoient ex-poſés aux dangers d'une longue navigation, pour voir ce qui fai-ſoit la gloire & l'ornement de leur ſiécle. Perſonne n'alloit plus à Cnide, ni à Paphos ; perſonne mê-me ne s'embarquoit plus pour aller à Cithere rendre des hon-neurs à Venus ; ſes ſacrifices ſont négligés, ſes Temples dépériſſent,

Vn Roy & Royne ont trois filles bien nées,
Et toutes trois d'exellente beauté.
Les deulx en sont heureusement Ornées:
Mais la plus Jeune a le pris Emporté.
Car au visage eut tant de deité,
Que Pour venus maint peuple l'adora.
Venus contre elle à Amour irrité,
Et par amour d'elle se vengera.

on en profane les ornemens, on n'y fait plus les cérémonies accoutumées ; les statuës de la Déesse ne sont plus couronnées de fleurs, & ses autels couverts de cendres froides restent abandonnés. L'on n'adresse plus ses prieres qu'à la jeune Princesse, & l'on n'honore plus Venus que sous la forme de cette jeune mortelle. Quand elle paroît le matin, on immole devant elle des victimes, & on prépare des festins sacrés ; l'on croit se rendre ainsi la Déesse favorable. Et lorsque la Princesse passe dans les ruës, les peuples courent en foule après elle pour lui rendre leurs hommages ; chacun lui présente des guirlandes & des couronnes de fleurs, & l'on en seme par tout où elle doit passer.

Ce culte & ces honneurs divins qu'on rendoit à la nouvelle Venus, piquerent sensiblement la mere, des amours ? « Quoi, dit-elle ,

» toute indignée & frémiſſant de
» colere, Venus à qui la nature
» & les élemens doivent leur ori-
» gine, qui maintient tout ce
» vaſte univers, partagera les hon-
» neurs qui lui ſont dûs avec une
» ſimple mortelle, & mon nom
» qui eſt conſacré dans le Ciel
» ſera profané ſur la terre? Une
» fille ſujette à la mort recevra
» les mêmes reſpects que moi,
» & les hommes ſeront incertains
» ſi c'eſt elle ou Venus qu'ils doi-
» vent adorer. C'eſt donc en vain
» que ce ſage Berger, dont Jupiter
» même a reconnu l'équité, m'a
» préférée à deux Déeſſes qui me
» diſputoient le prix de la beauté?
» Mais quelle que ſoit cette mor-
» telle, elle n'aura pas long-tems
» le plaiſir de joüir des honneurs
» qui me ſont dûs. Je ferai bien-
» tôt en ſorte qu'elle aura tous
» lieu de s'affliger d'avoir cette
» beauté criminelle.

Dans le moment Venus appelle
son fils, cet enfant aîlé, plein
d'audace & dé mauvaises incli-
nations, qui sans aucun égard
pour les Loix, armé de fleches
& de feux, court toutes les nuits
de maison en maison pour séduire
les femmes mariées, & mettre
de la division dans les ménages ;
en un mot, qui ne cherche qu'à
mal faire, & qui commet impuné-
ment mille crimes tous les jours.
Et quoiqu'il soit porté assez naturellement à la méchanceté, Venus n'oublia rien pour l'aigrir encore d'avantage. Elle le mena dans
la ville ou demeuroit Psiché ; (c'é-
toit le nom de cette belle fille)
elle la lui fit voir, & après lui
avoir conté tout le sujet de la
jalousie que lui causoit cette Princesse par sa beauté : « Mon fils,
continua - t'elle avec douleur & «
indignation, vengez votre mere, «
je vous en prie, mais vengez-la «

» pleinement d'une mortelle ,
» qu'on a l'infolence de lui com-
» parer. Je vous en conjure par la
» tendreffe que j'ai pour vous ,
» par les agréables bleffures que
» vos traits font dans les cœurs,
» & par les plaifirs infinis que
» goûtent ceux que vous enflâ-
» més. Sur tout, & c'eft ce que
» je vous demande avec plus
» d'empreffement, faites en forte
» que ma rivale devienne éper-
» dûment amoureufe du plus mé-
» prifable de tous les hommes,
» qui foit fans naiffance, pauvre,
» & qui craigne à tout moment
» pour fa propre vie ; enfin qui
» foit fi miferable & fi accablé
» de toutes fortes de difgraces,
» qu'il n'y ait perfonne dans le
» monde fi malheureux que lui.

Venus après avoir ainfi parlé,
baifa tendrement fon fils , & s'en
alla vers le rivage de la mer. Si-
tôt qu'elle eût porté fes pieds

délicats fur les flots, & qu'elle
s'y fût affife, elle ne fit que fou-
haiter, & dans le moment parut
un cortége avec le même appareil, que fi elle l'eût ordonné
long-tems auparavant. Les filles
de Nerée s'approchent, faifant
éclater leurs voix par des chants
d'allegreffes. On y voit Portune
avec fa grande barbe bleuë, Salacia avec fa robe pleine de poif-
fons, & le jeune Palémon monté
fur un Dauphin. Les Tritons nagent en foule autour de la Déeffe.
L'un fonne de la trompette avec
une conque, un autre lui pré-
fente un parafol de foye pour la
garantir de l'ardeur du Soleil. On
en voit un qui tient un miroir
devant elle, & quelques autres
aident à faire avancer fon char.
C'eft avec cette pompe que Venus
paroît quand elle va rendre vifite
à l'Océan.

Cependant Pfiché avec une

beauté si renommée, ne retire aucun fruit de cet avantage. Chacun
s'empresse pour la voir, tout le
monde la comble de loüanges ;
mais il ne se trouve personne,
soit Roi, soit Prince, soit particulier à qui il prenne envie de
la demander en mariage. On admire cette beauté divine , mais
on ne fait que l'admirer comme
une belle statuë , sans en être
touché. Ses deux sœurs, dont les
appas n'avoient fait aucun bruit
dans le monde, avoient été re-
cherchées par deux Rois' avec
qui elles étoient avantageusement
mariées. Psiché restoit seule dans
la maison de son pere, sans amant,
pleurant sa solitude, malade &
l'esprit abbatu, haïssant sa beauté, quoiqu'elle fît l'admiration de
toute la terre.

Le pere de cette infortunée
Princesse soupçonnant que le
malheur de sa fille pouvoit être
un

Ces deulx seurs sont pourueuës haultement,
Et d'aultant mieulx que moins ont eu de bruit,
Psiché de tous louée grandement
Demeure seulle, nul ne la poursuyt.
Beauté qui deust plus Ayder plus luy nuyt,
Et son grant heur la rend tresmalheureuse:
Sa fleur flestrit & Desseiche sans Fruit,
Parquoy viuoit à soymesme Odieuse.

3

Le roy son pere estonné, & marry
Va à l'oracle & sacrifie aux dieux
En demandant pour sa fille vn mary.
On luy Respond Psiché doit pour le mieux
Auoir espoux, qui soit venu des Cieux,
Et sur ce mont auec ce mortuaire
La faut mener sans habitz precieux
Au dieu qui vole & n'a bien qu'a mal faire

un effet de la haine des Dieux, & redoutant leur colere, fut à l'ancien Temple de Milet conſulter l'Oracle d'Apollon. Après y avoir fait des ſacrifices, il ſupplia cette Divinité de donner un époux à Pſiché, qui n'étoit recherchée de perſonne. Voici ce que l'Oracle répondit.

Qu'avec les ornemens d'un funeſte
    Himenée,
Pſiché ſur un rocher, ſoit ſeule aban-
    donnée.
Ne crois pas pour époux qu'elle y
    trouve un mortel,
Mais un monſtre terrible, impérieux,
    cruel,
Qui volant dans les airs, livre à
    toute la terre,
Par la flàme & le fer, une immortelle
    guerre,
Et dont les coups puiſſants craints du
    maître des Dieux,
Epouvante la Mer, les Enfers & les
    Cieux.

Ce Roi autrefois si heureux,
après cette réponse, s'en retourne
chez lui accablé de douleur &
de tristesse ; & ayant fait part à la
Reine son épouse des ordres
cruels du destin, on n'entend
que des cris & des gémissemens
de tous côtés. Quelques jours se
passent dans les larmes, mais le
tems approchoit qu'il falloit obéïr
à l'Oracle. On fait déja les ap-
prêts des nôces funestes de cette
Princesse ; on allume les flambeaux de l'Himenée, qui devoient éclairer ses funerailles.
Les flûtes destinées pour des airs
de réjoüissance, ne rendent que
des sons tristes & lugubres ; &
celle qu'on alloit marier, essuye
ses larmes à son voile même.
Toute la ville en général, & tout
le païs pleure les malheurs de la
Maison Royale, & on ordonne
un deüil public.

Cependant la nécessité d'obéïr

x,
ne
&
la
res
nd
ens
fe
le
ëir
ip-
tte
m-
le-
es.
irs
ue
&
ye
ne.
out
la
ne

ëir

x,

Ceste responce à l'ennuy Redoublé
Et ses parens en ont mené tel dueil,
Que le Palays Royal en est Troublé,
Le peuple crie & Jete larmes d'œil,
Voydnt Psiché conduite à tel acueil
(Qui neantmoins les Assistans Conforte)
Ses noces sont obsequès & cercueil,
Encor' viuante à nom de femme morte.

5

aux ordres des Dieux, appelloit
Pfiché au fuplice qu'ils lui avoient
deftiné ; & fi-tôt que l'appareil de
ces nôces funeftes fut achevé, on
part. Toute la ville en pleurs ac-
compagne la pompe funébre d'u-
ne perfonne vivante , & Pfiché
verfant des larmes, va à fes nôces,
où plûtôt à fes funérailles. Mais
voyant que fon pere & fa mere,
faifis d'horreur de ce qu'on alloit
faire, ne pouvoient fe réfoudre à
confentir qu'on executât un ordre
fi barbare, elle les y encourage
elle-même. « Pourquoi , leur dit-
elle, confumez-vous votre vieil- «
leffe en regrets inutiles ? Pour- «
quoi abreger par des fanglots «
continuels, une vie qui m'eft «
mille fois plus chere que la mien- «
ne ? Que vous fert de vous arra- «
cher les cheveux, de vous déchi- «
rer le vifage & la poitrine ? C'eft «
augmenter ma douleur. Voilà ce «
que vous deviez attendre de ma «

Y ij

» beauté. Accablés préfentement
» par ce coup affreux, vous con-
» noiffez, mais trop tard, les trais
» mortels de l'envie. Quand tout
» le peuple & les nations étrangé-
» res me rendoient des honneurs
» divins ; quand on m'appelloit la
» nouvelle Venus par toute la
» terre, c'étoit alors que vous de-
» viez vous affliger, c'étoit alors
» que vous me deviez pleurer
» comme une perfonne prête à
» périr. Je le connois préfente-
» ment, & je l'éprouve enfin, que
» ce feul nom de Venus eft caufe
» de ma mort. Mais qu'on me con-
» duife fur ce fatal rocher. Je fou-
» haite avec empreffement cet
» heureux mariage ; & que j'ai
» d'impatience de voir cet illuf-
» tre époux que les Dieux me def-
» tinent ! A quoi bon héfiter ? dois-
» je differer un moment de rece-
» voir un mari né pour détruire
» l'Univers.

nt
n-
ais
ut
é-
rs
la
la
e-
rs
er
à
e-
ne
fe
n-
u-
et
ai
f-
f-
s-
e

Le doux Zefire Enfle son vestement
Et l'a souflée ou fortune la meine:
Apres auoir reposé doucement,
Elle aperceut le boys & la fontaine
Pres D'un palays fait de main plus qu'humaine,
Ou vne voix sans rien voir Entendit:
Va te baigner (Psiché) & sois Certaine
D'auoir icy bon pouuoir & credit.

6

En achevant ces mots, Psiché
se mêla avec empressement dans
la foule du peuple qui accom-
pagnoit la pompe. On arrive à la
montagne destinée ; on y monte,
& l'on y laisse seule cette malheureuse Princesse. Ceux qui avoient
porté les torches nuptiales, après
les avoir éteintes avec leurs larmes, les y laisserent ,, & chacun
revint chez soi tout consterné. Le
Roi & la Reine s'enfermerent
dans leur Palais, où ils s'aban-
donnerent à une douleur continuelle. Cependant Psiché saisie
d'effroi, pleuroit sur le haut du
rocher, lorsqu'un Zéphir agitant
ses habits, & s'insinuant dans les
plis de sa robe, l'enleve légere-
ment, la descend au pied de la
montagne, & la pose doucement
sur un gazon plein de fleurs.

Fin du quatriéme Livre.

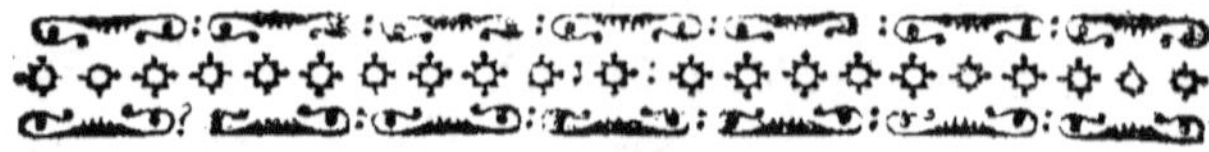

REMARQUES
SUR
LE QUATRIE'ME LIVRE.

ALORS *faisant des vœux au Dieu qui préside aux événemens, pour me le rendre favorable.* Le bon Evénement étoit un Dieu chez les Payens, qu'ils ne manquoient pas d'invoquer quand ils entreprenoient quelque chose. Il étoit *ex duodecim diis consentibus, du nombre des douze Dieux*, que les Latins appelloient *Consentes*, que l'on disoit être du conseil des Dieux, & principalement de Jupiter. *S. Aug. l. 4. de la Cité de Dieu, chap. 23.* On voyoit une statuë de ce Dieu, & une de la bonne Fortune dans le Capitole, faites l'une & l'autre de la main de Praxitele. *Pline l. 5. chap. 6.*

Que je méritois bien mon congé. Le texte dit, *Mereri causariam missionem.* L'Auteur fait allusion au terme dont on se servoit pour exprimer le congé qu'on donnoit aux soldats lors qu'ils étoient devenus incapables de fervir, par quelqu'infirmité de l'efprit ou du corps, on l'appelloit *Miſſio cauſaria.* Il y avoit encore *Miſſio honefta*, qui étoit le congé qu'on leur donnoit quand le tems de leur engagement étoit expiré ; & *Miſſio ignominioſa*, quand ils étoient caſſez pour avoir commis quelque faute ou quelque action honteuſe.

Que celui des Lapithes & desCentaures. Les Lapithes étoient des peuples de Theſſalie. L'épithéte de Thébains que leur donne Apulée, ne peut leur convenir qu'à cauſe d'une petite ville de Theſſalie nommée Thebes, dont parle Pline l. 4. chap. 8. & non pas à cauſe de la grande Thébes à ſept portes, qui étoit la capitale de Béotie. Il appelle les Centaures *Semi-feri, demi-bêtes*, parce qu'ils étoient, comme tout le monde ſçait, moitié hommes & moitié chevaux. Leur combat contre les Lapithes aux nôces de Pirithoüs & d'Hippodamie, qu'Horace nomme *rixa ſuper mero debellata*, *combat fait dans le vin*, eſt trop connu pour en parler ici.

Nous ſommes de retour avec huit jambes de plus. A cauſe du cheval & de l'âne qu'ils avoient amenez avec eux.

Lamaque vôtre chef. Ce nom qui vient du Grec veut dire *invincible.*

A peines fûmes-nous à Thébes. Le texte dit, *Thebas Heptapylos , Thébes à sept portes ,* pour la diſtinguer de la ville de Thébes en Egypte qui avoit cent portes. Mais j'ai crû qu'il étoit inutile d'exprimer *Heptapylos ,* & qu'on voyoit aſſez que c'étoit cette Thébes dont ce voleur prétend parler, puiſqu'il vient de dire un peu plus haut , qu'ils viennent de parcourir les villes de Béotie.

Chryſeros , c'eſt-à-dire , qui aime l'or.

Paſſa la main tout doucement par un trou qui ſervoit à fourrer la clef en dedans. On peut remarquer par cet endroit que les ſerrures en ce tems-là ne s'ouvroient pas comme les nôtres.

t *Par le bras droit du Dieu Mars.* Les voleurs tels que ceux - ci reconnoiſſoient Mars pour leur Patron, & les voleurs qui s'expriment en Latin par *fures ,* que nous appellons en François filoux ou coupeurs de bourſes , reconnoiſſoient Mercure & la Déeſſe Laverne.

Nous l'avons donné en garde à la Mer. Ces voleurs ne pouvoient pas jetter le corps de Lamaque dans la Mer, puiſque

la

MARTIS.

Ex nummulo ęreo Imp.
Constantini Aug.

MERCVRII.
Ex nummo argenteo
C. Mamil. Limet

la ville de Thébes , où ils étoient, en étoit éloignée de plusieurs milles. Apulée a supposé apparemment qu'on entendroit qu'ils jettérent ce corps dans le fleuve Isméne , qui le porta dans la Mer , & qu'ainsi on pouvoit dire qu'ils l'avoient jetté dans la Mer.

Alcime. Ce nom signifie *force, valeur.*

Demochares, veut dire agréable au peuple , nom convenable à un grand Seigneur qui se plaît à donner des spectacles publics.

Ne furent point à couvert des disgraces de la fortune. J'ai mis cette expression à la place de celle qui est dans le Latin , *Nec Invidiæ noxios effugit oculos, Ne put éviter les yeux malins de l'Envie.* En cet endroit l'Envie est prise pour la Déesse même de l'Envie , ce qui n'auroit pas été entendu en François.

Thrasiléon. Ce nom convient à un voleur déterminé, il signifie *audacieux, téméraire.*

Nicanor vient de *Nican, vaincre.*

Qu'on porte à l'heure même cet Ours à sa maison de campagne. Le texte dit , *Novalibus,* qui veut dire, dans des terres qu'on laisse reposer de deux années l'une , & par conséquent où il y a toûjours du pâturage.

Tome I.   Z

Il n'a pas laiſſé de nous arriver un cruel accident. L'Auteur dit, *Occurrit ſcævus Eventus*, *l'Evénement ſiniſtre s'y oppoſa.* L'Evénement ſiniſtre étoit une Divinité, auſſi bien que l'Evénement heureux.

Auſſi bonne chére que les Prêtres Saliens. Les Prêtres Saliens étoient conſacrez au Dieu Mars ; on les nommoit Saliens *a Saliendo*, à cauſe des ſauts & des danſes qu'ils faiſoient en ſon honneur ; & comme les Romains reconnoiſſoient ce Dieu pour l'auteur de leur origine, ils avoient une grande conſidération pour ſes Prêtres, & tout le monde leur faiſoit des préſens, & leur donnoit moyen de faire ſi bonne chére, que pour exprimer un bon repas, on diſoit, un repas de Prêtres Saliens, ce qui avoit paſſé en proverbe. Voyez Horace *l. 1. ode 37. & l. 2. ode 14.*

Toute nôtre maiſon ornée de branches de laurier. Dans les nôces des Anciens, le premier ſoin qu'on avoit étoit d'orner les portes & la maiſon du futur époux de fleurs & de feüillages. Catulle ſur les nôces de Pelée.

Veſtibulum ut molli velatum fronde vireret.

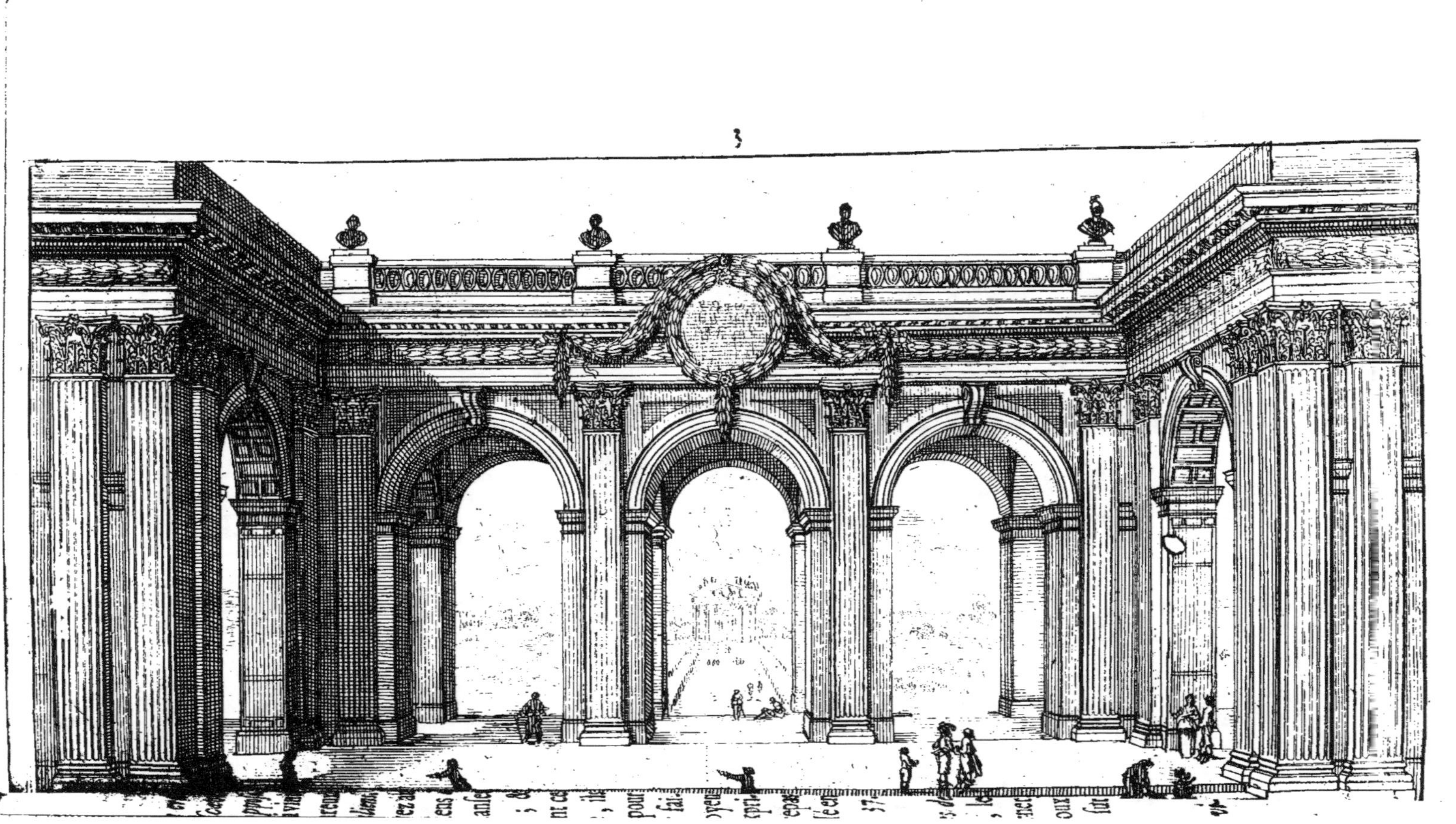

2

3

On donna ordre, *que le Veſtibule fût orné
de feüillages verds.* Il paroît par cet endroit d'Apulée qu'on avoit ſoin auſſi
d'orner de feüillages la maiſon de la
mariée.

Eclairée par les torches nuptiales. Ces
torches appellées par les Poëtes *Tedæ
Jugales, faces legitimæ, Tedæ geniales, &
feſtæ,* étoient au nombre de cinq, au
rapport de Plutarque dans les queſtions
Romaines, *quæſt.* 2. où il en rend pluſieurs raiſons.

Retentiſſoit des chants de nôtre Himenée.
Ces chants nuptiaux ſe nommoient pro-
prement Himenée ou Epitalame. On
trouve un de ces ſortes de Poëmes dans
Catulles, qu'il fit pour les nôces deMan-
lius & de Julia. C'eſt une piece de très-
bon goût, & où l'on peut apprendre
bien des particularitez ſur les coûtumes
qui s'obſervoient aux nôces desAnciens.

Ma mere me tenant dans ſes bras. C'é-
toit une coûtume des Anciens, que l'on
enlevât la mariée d'entre les bras de ſa
mere, ou de quelqu'autre parente, ſi
elle n'avoit point de mere, avec une
douce violence, pour épargner ſa pudeur, & faire paroître qu'elle ne ſe li-
vroit pas elle-même entre les bras d'un

homme. Chez les Romains cette espéce d'enlevement servoit aussi à rappeller la mémoire de l'enlevement des Sabines, qui leur avoit si bien réussi du tems de Romulus.

Me paroit de mes habits de nôces. Voici en quoi consistoient ces habits ou ornemens nuptiaux. La fille étoit couronnée de fleurs ; elle avoit une tunique ou robbe, qu'on appelloit *recta, droite;* une ceinture de laine, qu'il falloit que le mari détachât lui-même dans le lit; des souliers jaunes, & un voile qui la couvroit presque toute entiére appellée *flammeum,* d'une couleur jaune, fort vive, tirant sur le rouge. C'est ce voile qui a donné aux nôces le nom de *nuptiæ,* qui vient de *nubere,* qui signifie *voiler.*

Nos nôces furent troublées comme celles de Pyrithoüs & d'Hippodamie. On sçait assez comme ces nôces furent troublées par la brutalité des Centaures & leur combat contre les Lapithes.

Il y avoit dans une certaine ville un Roi & une Reine. Ici commence la Fable de Psiché. Fulgence Evêque de Carthage a prétendu qu'elle envelopoit un sens moral fort beau, auquel il n'y a guére d'apparence qu'Apulée ait pensé, le

nuptura detergit lacrimas ipsa suo flammeo. Apul. 4. Miles perunguntur uirginis pedes adhibito numine Iunonis unxit, quo
numine postes maritalis domus, quas ipsa transgressura erat ungebantur adipe lupino Plin. lib. 28. cap. 9.   in adib. D.D. de Valle

4

EMBLEMA TOTIVS OPERIS

præsentatores sunt   Cupido seu Intellect⁹.
Psyche seu Anima &   Protheus rerum
    forma .   Protheus
    Animam   alloquitur.

Hei mihi! quam magnis diuexor Cynthia curis !
Vror, et heu nostro manat ab igne liquor,
Sum Nilus, Ætnaque simul, extinguite flammam
O lachrymæ lachrymas ebibe flamma meas .
                        Zanas

Dieux! que je suis reduits a de nouuelles peines !
Je brusle, et mon brasier faict Naistre des fonteines,
Ces ennemis sont ioins pour nourir mes douleurs ;
Ie suis le Nil plein deaux et L'Etna plein de flamme,
O mes pleurs éteignes cette ardeur qui m'enflamme
Et toy ma viue ardeur desseiche tous mes pleurs .
         Mr de la Pinebiere .

voici. La ville dont il eſt parlé d'abord
repréſente le monde ; le Roi & la Reine de cette ville, ſont Dieu & la Matié-
re. Ils ont trois filles, qui ſont, la Chair,
la Liberté & l'Ame. Cette derniére que
le mot de Pſiché ſignifie en Grec, eſt la
plus jeune des trois, parce que l'Ame
n'eſt infuſée dans le corps qu'après qu'il
eſt formé. Elle eſt plus belle que les
deux autres, parce que l'Ame eſt ſupé-
rieure à la liberté, & plus noble que la
Chair. Venus qui eſt l'amour des plaiſirs ſenſuels, lui porte envie, & lui en-
voye Cupidon, c'eſt-à-dire, la Concupiſcence pour la perdre ; mais parce que
la Concupiſcence peut avoir pour objet
le bien & le mal, ce Cupidon ou Concupiſcence vient à aimer Pſiché, qui
eſt l'Ame, & s'unit intimement à elle.
Il lui conſeille de ne point voir ſon viſage, c'eſt-à-dire, de ne point connoître les plaiſirs ſenſuels, & de ne point
croire ſes ſœurs, qui ſont la Chair &
la Liberté, qui lui en veulent inſpirer
l'envie. Mais Pſiché animée par leurs
conſeils dangereux, tire la lampe du
lieu où elle l'avoit cachée, c'eſt-à-dire,
pouſſe au dehors, & met à découvert
la flâme du déſir qu'elle portoit cachée

Z iij

dans son cœur, & l'ayant connuë, ou ce qui est la même chose, ayant fait l'expérience des plaisirs, elle s'y attache avec ardeur. Enfin Psiché considerant avec trop d'attention Cupidon, le brûle d'une goutte d'huile enflammée tombée de sa lampe. Ce qui marque que plus on se livre aux voluptez de la concupiscence, plus elle s'augmente & s'enflamme, & imprime sur nous la tache du péché. Cupidon ôte ensuite à Psiché ses richesses, la chasse de son superbe palais, & la laisse exposée à mille maux & à mille dangers. C'est la Concupiscence, qui par l'expérience funeste qu'elle fait faire à l'Ame des plaisirs criminels, la dépoüille de son innocence & du trésor des vertus, la chasse de la maison de Dieu, & la laisse exposée à toutes les occasions de chûte & de malheurs qui se rencontre dans la vie.

Et l'adoroient, religieusement comme si ç'eût été Venus elle-même. Il y a dans le Latin, *Admoventes oribus suis dexteram primore digito in erectum pollicem recidente. En portant leur main droite à leur bouche, tenant le pouce élevé & le premier doigt appuyé dessus.* C'étoit la maniére dont les Anciens adoroient leurs Dieux, en fai-

ou
ait
ta.
des
, le
née
que
la
; &
ta.
; à
fu-
ille
on-
este
cri-
nce
e la
e à
nal.

e si
; le
ram
nte.
che,
ap-
les
fai-

fant une inclination du corps. *Lifez Pli-*
ne l. 28. chap. 2. & Apulée dans fon Apo-
logie. J'ai crû qu'il étoit mieux en François de dire fimplement *l'adoroient,*
fans y mettre ce que je viens de marquer qui eft dans le texte.

Perfonne n'alloit plus à Cnide ni à Pa-
phos; perfonne ne s'embarquoit plus pour
aller à Cythére. Lieux où Venus étoit
particulierement adorée. *Cnide* étoit
une ville fur le bord de la Mer dans la
Carie, où l'on voyoit une ftatuë de
cette Déeffe de la main de Praxitelle.
Paphos étoit une ville fur la côte Occi-
dentale de l'Ifle de Cypre, elle fe nomme prefentement *Baffo.* Et Cythére eft
une Ifle de la Mer Egée, qu'on nomme
aujourd'hui *Cerigno,* elle eft proche de
Candie. Ces Païs font fous la domina-
tion des Turcs.

On en prophane les ornemens. Le texte
dit, *Pulvinaria proteruntur, Ses lits font*
foulez aux pieds. Cet endroit n'auroit pas
été fi intelligible ainfi, que de la maniére dont je l'ai exprimé, qui eft un
peu plus générale à la vérité, mais qui
revient à la même chofe. Ces *pulvina-*
ria, étoient des petits lits, qu'on dref-
foit dans les Temples des Payens, fur

quoi, dans les grands beſoins de l'Etat &
dans les calamitez publiques , on mettoit les ſtatuës des Dieux , que le peuple en foule alloit adorer. Cette céré-
monie s'appelloit *Lectiſternium* , & ne ſe
faiſoit que par l'ordre des Magiſtrats.

　Ce ſage Berger .... m'a préférée à deux
Déeſſes , qui me diſputoient le prix de la
beauté. Ce Berger, c'eſt Paris' fils de
Priam , & les deux Déeſſes ſont Junon
& Pallas.

　Les filles de Nerée. Nerée étoit fils de
l'Océan & de Thétys ſelon les uns ,
& ſelon les autres , de l'Océan & de la
Terre. Il eut de ſa ſœur Doris cinquante
filles , qu'on nommoit les Nereides ,
& qui étoient Nymphes de la Mer.

　Portune. C'eſt le Dieu des Ports de
Mer , que les Grecs confondoient avec
Palémon ; mais comme Apulée parle
un peu plus bas de Palémon , c'eſt Neptune, en cet endroit , qu'il entend par
Portune , ce qui n'eſt pas ſans exemple
dans les Anciens.

　Salacia avec ſa robe pleine de poiſſons.
Salacia étoit la femme de Neptune.
Saint Auguſtin dit I. 4. de la Cité de
Dieu , *Quid eſt quod mare Neptuno tri-*
buitur , terra Plutoni? Ac ne ipſi quoque

5

6

Furioso Atamante i suoi minaccia,
Et vuol che pigli ogn'un reti & saette,
Che due lion con la lor madre in caccia
Vccider vuole, & far le sue vendette.
Così l'vn de i figliuoi in vn sasso schiaccia,
Che gli par delle fiere maladette,
Et la madre, che vuol l'altro saluare,
Si getta, & restan Dei ambo, nel mare.

sine conjugibus remanerent, additur Neptuno Salacia, Plutoni Proserpina. Inferiorem maris partem Salacia tenet, terræ inferiorem Proserpina. Par quelle raison attribue-t'on la Mer à Neptune, & à Pluton la Terre ; & afin qu'ils ne fussent pas sans femme, on donne à Neptune Salacia, & à Pluton Proserpine. Salacia occupe la partie inférieure de la Mer, & Proserpine celle de la Terre. Cela se rapporte parfaitement bien à ce que nôtre Auteur dit ici, que Salacia a sa robe pleine de poissons.

Palémon monté sur un Dauphin. Palémon étoit fils d'Atamas & d'Ino ; il s'appelloit Mélicerte. L'on sçait assez par la Fable, qu'Ino sa mere fuyant la fureur d'Atamas, se précipita elle & son fils dans la Mer, où Ino fut changée par Neptune en une Déesse Marine, nommée des Grecs *Leucothea* ou *Leucothoé,* & des Latins, *Mater mutata ;* & le petit Mélicerte en un Dieu nommé *Palémon* par les Grecs, & *Portunus* par les Latins. Pausanias dans ses Attiques dit, que Mélicerte dans cette chute fut reçû par un Dauphin, qui le porta sur son dos à l'Istme de Corinthe, ce qui a donné lieu à l'institution des Jeux Istmiques en son honneur.

Les Tritons nagent en foule. Triton Dieu Marin étoit fils de Neptune & d'Amphitrite, ou de la Nymphe Salacie. Quelques-uns le font fils de l'Océan & de Thétis ; il est regardé comme le trompette de Neptune : on le représentoit de la figure d'un homme de la ceinture en haut, & de la ceinture en bas avec une queuë comme un Dauphin, & deux pieds semblables aux deux pieds de devant d'un cheval, tenant toûjours à la main un conque creuse qui lui sert de trompette. Les Poëtes ensuite feignirent un grand nombre de Tritons, soit qu'ils fussent les freres ou les enfans de celui-ci.

L'ancien Temple de Milet. Milet étoit la capitale d'Ionie ; cette ville étoit célébre par un Temple d'Apollon, où ce Dieu rendoit ces Oracles. Elle fut bâtie par un fils d'Apollon nommé Miletus, qui lui donna son nom.

Voici ce que lui répondit l'Oracle. Le texte dit, *Sed Apollo quanquam Græcus & Ionicus propter Milesiæ conditorem, sic Latina forte respondit. Mais quoiqu' Apollon fût Grec & Ionien, à cause du fondateur de la ville de Milet, il répondit cependant en Latin.* Cela m'a paru fort propre à

retrancher dans ma traduction.

Les flûtes deſtinées pour les airs de réjoüiſ-ſance , ne rendoient que des ſons triſtes & lugubres. L'original dit , ſonus tibiæ Zygiæ mutatur in quærulum Lydium modum , La flûte nuptiale prend le ton Lydien. Cela n'auroit pas été ſi bien entendu de tout le monde, que de la maniére dont je l'ai exprimé, qui rend de même la penſée de l'Auteur ; car le ton Lydien étoit deſtiné pour la triſteſſe , comme le Dorien pour la guerre, le Phrygien pour les cérémonies de la religion , &c.

Lors qu'un Zéphir agitant ſes habits. Le Zephir le plus aimable de tous les vents étoit de la ſuite de Venus & de Cupidon. Lucréce dans le 4. l.

It ver , & Venus , & Veneris prænuntius ante

Pennatus graditur Zephirus veſtigia propter.

Le Printems ſuit par tout les pas de l'Immortelle * ,

Le Zéphire l'annonce , & vole devant elle.

* Venus.

Ce Dieu qu'Héſiode fait naître de l'Aurore, favoriſe la naiſſance des fleurs & des fruits de la terre, par un ſouffle doux & fécond, qui ranime la chaleur des plantes. Il étoit amoureux de la Nymphe Chloris, à qui il avoit donné l'empire ſur les fleurs. C'eſt la même que les Romains nommoient Flore, *Chloris eram quæ Flora vocor*, dit Ovide au *5. l. des Faſtes*. On repréſentoit le Zéphir ſous la forme d'un jeune homme extrêmement beau & gracieux, ayant des aîles, & ſur ſa tête une couronne de fleurs.

L'ANE D'OR
D'APULÉE,

PHILOSOPHE PLATONICIEN.

LIVRE CINQUIE'ME.

SICHE' couchée fur un tendre gazon, étant un peu remife de fon trouble & de fa frayeur, fe laiffa aller infenfiblement à un doux fommeil. Après avoir repofé quelque tems, elle fe réveille, l'efprit beaucoup plus tranquille. D'abord elle apperçoit un bois planté de forts grands arbres ; elle voit au

milieu une fontaine plus claire
que du criftal. Sur les bords que
fes eaux arrofent, elle voit un
Palais fuperbe, élevé plûtôt par
la puiffance d'un Dieu, que par
l'art & l'adreffe des hommes. A
n'en voir feulement que l'entrée,
il étoit aifé de juger que c'étoit
le féjour de quelque Divinité.
Des colonnes d'or y foutiennent
des lambris d'yvoire & de bois
de citronnier, d'un ouvrage admirable. Les murs qu'on voit
d'abord en entrant, font couverts de bas-reliefs d'argent, qui
repréfentent toutes fortes d'animaux ; & ce fût une induftrie
merveilleufe à l'homme, au demi-
Dieu, ou plûtôt, au Dieu qui tra-
vailla ce métal d'une fi grande
perfection. Les planchers font de
pierres précieufes de differentes
couleurs, taillées & jointes enfemble, de maniere qu'il femble
que ce font des ouvrages de

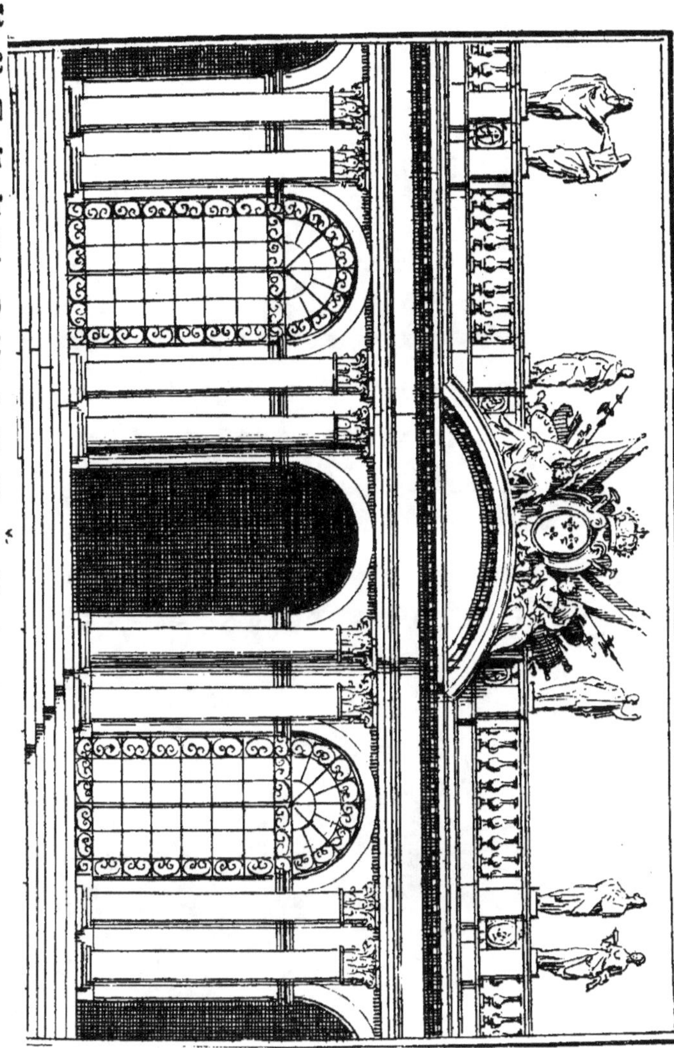

peinture. O que ceux-là font
heureux, qui marchent fur l'or &
fur les pierreries ! Le refte de ce
vafte Palais étoit d'un prix inefti-
mable. Les murailles des appartemens revêtus d'or pur, brillent
de toutes parts ; & quand le Soleil auroit refufé fa lumiere à ce
Palais, fes portes, fon veftibule
& fes chambres en donneroient
affez pour l'éclairer. Les meubles
répondent fi bien à la magnificence de cet édifice, qu'il femble que Jupiter, dans le deffein
d'habiter la terre, ait pris foin
de le faire embellir.

Pfiché attirée par la vûë de
tant de merveilles, s'en approche ;
devenuë enfuite un peu plus har-
die, elle entre dans cette brillante
demeure ; elle admire l'un après
l'autre tant de beautés differentes, qui de tous côtés s'offrent à
fes regards ; elle y voit des chambres d'une architecture parfaite,

pleines de tout ce qui se pouvoit imaginer de plus précieux ; ce qui ne s'y trouve pas, ne peut se trouver dans le reste du monde. Mais ce qui la surprend encore plus que la vûë du plus beau trésor de l'Univers, l'accès n'en est point interdit, & il n'y a personne qui le garde.

Comme elle considere toutes ces richesses avec grand plaisir, elle entend une voix qui lui dit : Pourquoi vous étonnez-vous, Psiché, de voir des choses dont vous êtes la maîtresse ? tout ce qui est ici est à vous. Entrez donc dans un de ces appartemens ; sur ces lits qui s'offrent pour le repos, cherchez à vous délasser. Ordonnez quel bain vous voulez qu'on vous prépare : celle dont vous entendez la voix, est destinée à vous servir aussi bien que ses compagnes. Nous sommes prêtes à vous obéir, & après avoir fait

ce

oi:
qui
ou-
lais
que
de
int
qui

tes
ir,
it:
is,
ont
ce
nc
ur
os,
on-
on
n-
à
es
es
ait
ce

Elle obeïst à la voix incogneuë,
Croyant que c'est des dieux la volunté:
Et s'est au bain lauée toute nuë,
N'y voyant rien de main d'homme aprest.
Sans s'esbahir de telle nouueauté
Son chef aussi a voulu perfumer,
D'odeurs rempliz de grand'suauité   7
Pendant qu'Amour vint son cueur allumer.

ce qu'il faut auprès de votre personne, ou vous servira un repas
digne d'une Princesse comme
vous.

Psiché reconnut que les Dieux
prenoient soin d'elle ; & suivant
l'avis de ces personnes invisibles,
elle se coucha, & dormit quelque tems ; ensuite elle se baigna.
Au sortir du bain, elle vit un repas préparé ; elle jugea bien que
c'étoit pour elle, & se mit à table.
On lui présenta des vins délicieux, & quantité de mets ex-
quis furent servis devant elle par
des mains invisibles ; elle entendoit seulement les voix de ces
personnes qu'elle ne voyoit point,
qui étoient autour d'elle pour la
servir. Quand elle fut sortie de
table, une belle voix chanta,
accompagnée d'un luth : ensuite
plusieurs voix se joignirent ensemble ; & quoiqu'elle ne vit aucun des Musiciens, elle jugea qu'ils

étoient en grand nombre, par les chœurs de musique qu'elle entendoit.

Après avoir goûté tous ces plaisirs, Psiché alla sur un lit chercher le sommeil où le retour de la nuit l'invitoit. Quand la nuit fut un peu plus avancée, le son d'une douce voix vint frapper ses oreilles. Alors se voyant seule, la peur la saisit ; elle frissonne, & craint plus que toutes choses ce qu'elle n'a point encore éprouvé ; cependant cet époux inconnu s'approche du lit de Psiché, se couche auprès d'elle, en fait sa femme, & la quitte avant le jour. Peu de tems après, ces personnes invisibles qui la servoient, font entendre leurs voix dans sa chambre, & préparent tout ce qu'il faut pour le lever de la nouvelle mariée. Psiché passa quelque tems dans ce genre de vie, & s'y accoutumant insen-

Vn peu apres reuestuë, & Coiffée,
Elle s'assied, & n'aperçoit personne:
La table fut de tous metz estoffée,
Et vn acord de plusieurs uoix resonne
Qui la recrée & grand plaisir luy donne.
Mais point ne sçait s'il y a trahison,
Ne si Amour pour son bien l'enuironne,   8
Ne si c'est miel ou si c'est du poison.

siblement, elle y prenoit plaisir : ces voix qui lui obéïssoient & avec qui elle s'entretenoit, lui rendoient sa solitude agréable.

Cependant son pere & sa mere consumoient le reste de leur vieillesse dans les gémissemens & dans une affliction continuelle. Le bruit du malheur de leur fille s'étoit répandu dans les païs éloignés. Ses deux sœurs en étant informées, quitterent leurs maris, & vinrent au plus vîte mêler leurs larmes à celles de leurs parens. Cette même nuit l'époux de Psiché lui parla ainsi ; car quoiqu'elle ne le vît point, elle ne laissoit pas de le toucher & de l'entendre : Ma chere épouse, je vous avertis que la fortune cruelle vous menace d'un péril terrible ; il est à propos que vous vous teniez bien sur vos gardes. Vos sœurs troublées du bruit de votre mort, pour sçavoir ce que vous êtes

devenuë, viendront bien-tôt fur
ce rocher. Si leurs plaintes &
leurs cris font portés jufqu'à vous,
gardez-vous bien de leur répondre, ni même de les regarder ;
vous me cauferiez un grand fujet
d'affliction, & vous vous attireriez
le dernier des malheurs.

Pfiché promit à fon mari de
ne faire que ce qu'il lui prefcri-
voit ; mais elle s'abandonna aux
larmes & aux plaintes, & paffa
tout le jour en cet état. Ah ! difoit-elle à tout moment, je vois
bien préfentement que je fuis perduë fans reffource, puifqu'étant
enfermée dans une belle prifon,
feule & privée de tout commerce,
il ne m'eft pas permis de donner
aucune confolation à mes fœurs
affligées de ma perte, ni même
de les voir. Elle ne voulut ni boire
ni manger de tout le jour, ni fe
mettre dans le bain. Quand le
foir fut venu, elle s'alla mettre

9.

Poi che fu per dormir nel ricco letto
Psichè (che così detta era costei)
Ecco senz'arme Amor, ch'al suo diletto
S'alito gode ne suoi dolci omei,
Et vinto sopra al bel candido petto
Si rende'l vincitor d'huomini, & dei,
Giurando lei per vnica sua sposa.
O' fælice! o gentil coppia amorosa!

au lit les larmes aux yeux.

Dans le moment son mari vint se coucher auprès d'elle un peu plûtôt qu'à l'ordinaire & l'embraſſant ainſi baignée de larmes : Eſt-ce-là, lui dit-il, ce que vous m'aviez promis ma chere Pſiché ? Que puis-je déſormais attendre de vous ? Qu'en dois-je eſperer ? puiſque jour & nuit vous ne ceſſez point de vous affliger, même dans les bras de votre époux. Faites donc tout ce qu'il vous plaira, & ſuivez un déſir qui vous entraîne à votre perte, mais ſouvenez-vous que je vous ai avertie très-ſérieuſement du malheur dont vous êtes menacée, & que vous vous repentirez trop tard de n'avoir pas ſuivi mon conſeil.

Pſiché l'aſſure qu'elle mourra, s'il ne lui accorde ſa priere : elle le conjure de lui permettre de voir ſes ſœurs, de les entretenir, & de les conſoler. Enfin elle fit tant qu'il lui accorda ce qu'elle demandoit. Il consentit même qu'elle leur donnât autant d'or & de pierreries qu'elle voudroit ; mais il l'avertit en même-tems de n'écouter jamais les pernicieux conseils qu'elles lui donneroient, de s'informer de la figure de son mari ; que cette curiosité sacrilége la précipiteroit du faîte du bonheur, dans un abîme de souffrances, & seroit cause qu'elle le perdroit pour jamais,

› Psiché ayant l'esprit content, remercia son mari de lui avoir accordé ce qu'elle lui demandoit. Je mourrois plûtôt mille fois, lui dit-elle que de rien faire qui pût me séparer de vous ; car la tendresse que j'ai pour vous ne se peut exprimer, & qui que vous soyez, je vous aime cent fois plus que ma vie, & je vous préférerois au Dieu de l'amour même. Mais je vous demande encore une

Quand il fut nuict, & le lict bien paré,
Pſiché ſe couche, Amour la vient chercher:
En laiſſant trouſſe & dard bien aceré,
Entre ſes bras nu à nu vient coucher.
Qui l'euſt à lors gardé de luy toucher?
Il luy promet & iure vn grand ſerment,
D'eſtre a Jamais le ſien eſpoux treſcher,
Dont priſe fut:mais voluntairement.

9

Au poinct du iour la belle est esueillée,
Cuydant baiser son Amy doucement:
Mais il auoit ja dressé sa volleé
Pour s'en aller deuers le Firmament.
A son resueil Dames bien promptement
La vont vestir de Robe precieuse,
Dressent aussi son poil blond gentement.
Adonc en soy dit qu'elle est tresheureuse.

X.

grace: ordonnez, je vous prie à ce Zéphir qui vous sert, d'apporter ici mes sœurs, de la même maniere que j'y fus apportée. Ensuite elle l'embrassa, & lui dit mille choses tendres & passionnées : Cher époux, ma chere ame, lui disoit elle, ne me refusez pas. Enfin elle fit si bien par ses caresses, qu'il lui accorda tout ce qu'elle vouloit : mais le jour étant prêt de paroître, il la quitta.

Cependant les sœurs de Psiché informée du lieu où elle avoit été abandonnée, s'y rendirent en diligence. Si tôt qu'elles y furent, elles se mirent à pleurer, à se frapper la poitrine, & à s'affliger si violemment, qu'elles faisoient retentir les rochers de leurs cris & de leurs sanglots. Elles appelloient sans cesse leur sœur par son nom, tant qu'enfin les échos porterent leurs voix plaintives jusqu'à elle. Psiché tremblante & toute hors d'elle-même, fort vîte de son palais : Eh ! qu'avez-vous, leur cria-t'elle, à vous affliger de la sorte? voici celle que vous pleurez ; cessez de pousser ces cris douloureux, & séchez vos pleurs, puisque vous pouvez embrasser celle qui en étoit la cause. En même tems elle appelle le Zéphir, & lui ayant dit l'ordre de son mari, il part ; & dans le moment enlevant ses sœurs il les apporte proche d'elle, sans leur faire aucun mal.

Elles s'embrassent mille fois, & leurs larmes qui s'étoient arrêtées recommencerent à couler par l'excès de leur joye. Entrez chez moi, leur dit Psiché, venez vous consoler & vous réjoüir avec votre cher sœur. Avant que d'entrer, elle leur fit remarquer la magnificence de son palais, & la beauté de sa situation ; elle leur fit voir les richesses immenses qu'il renfermoit ; & après leur
avoir

avoir fait entendre ce grand nombre de voix qui avoient ordre de la fervir, elle les méne fe baigner dans des bains délicieux : enfuite elle leur donne un repas dont l'appareil étoit fuperbe, & où l'abondance étoit jointe à la délicateffe & à la propreté. La vûë de tant d'opulence & de tant de merveilles, ne fervit qu'à faire naître dans le cœur de ces Princeffes le noir poifon de l'envie.

L'une des deux ne ceffa point de lui demander qui étoit le maître de tant de chofes extraordinaires, & de l'interroger du nom & de la qualité de fon mari. Pfiché fe fouvint toujours des confeils qu'elle avoit reçûs, & tint fon fecret renfermé dans fon cœur ; mais imaginant une réponfe dans le moment, elle leur dit que fon mari étoit un homme dans la fleur de fon âge, parfaitement beau & bienfait, qui fai-

foit fa principale occupation de
la chaffe dans les forêts & fur les
montagnes voifines ; & de peur
qu'un plus long entretien ne leur
fît découvrir quelque chofe de ce
qu'elle vouloit cacher, elle leur
fit préfent de quantité de bijoux
d'or & de pierreries : enfuite elle
appelle le Zéphir, & lui ordonne
de les reporter où il les avoit
prifes ; ce qui fut auffi-tôt exe-
cuté.

Pendant que ces deux Princeffes s'en retournoient chez elles,
le cœur dévoré par l'envie, elles
faifoient éclater leur chagrin par
leurs difcours. Fortune aveugle
& cruelle, dit l'une ! pourquoi
faut-il qu'étant nées d'un même
pere & d'une même mere, nous
ayons une deftinée fi differente ;
que nous qui fommes les aînées,
foyons livrées comme des efclaves à des maris étrangers, & que
nous paffions notre vie exilées

loin de notre patrie & de nos parens, pendant que Pſiché qui n'eſt que notre cadette, & qui a bien moins de mérite que nous, a le bonheur d'avoir un Dieu pour époux, & joüit d'une fortune ſi éclatante, qu'elle ne ſçait pas même en connoître le prix ? Avez-vous bien remarqué, ma ſœur, quelle profuſion de choſes précieuſes l'on voit dans ſon palais? quels meubles, quelle quantité d'habits magnifiques, quels prodigieux amas de pierreries, & combien d'or l'on y foule aux pieds ? Si ſon mari eſt auſſi beau qu'elle nous l'aſſure, il n'y a perſonne dans tout le monde ſi heureuſe qu'elle ; peut-être même que l'amour qu'il a pour elle venant à s'augmenter par l'habitude, ce Dieu en fera une Déeſſe, & je n'en doute point ; n'en a-t'elle pas déja les airs & les manieres ; elle n'aſpire pas à une moindre

gloire ; & une femme qui a des
voix à son service, & qui commande aux vents, n'est pas fort
éloignée d'un rang si glorieux. Et
moi, malheureuse, j'ai un mari
plus vieux que mon pere, qui n'a
pas un cheveu, plus foible qu'un
enfant, & si défiant qu'il tient
tout enfermé sous la clef dans la
maison !

Le mien, reprit l'autre, est
tout courbé & accablé de goutte,
jugés quelle satisfaction je puis
avoir avec lui ; il faut souvent que
j'employe mes mains délicates à
panser les siennes, & à mettre des
fomentations sur ses doigts endurcis comme des pierres ; je
fais plûtôt auprès de lui le personnage d'un Médecin que d'une
Epouse. Enfin, ma sœur, à vous
parler franchement, c'est à vous
de voir si vous avez assez de patience & de foiblesse, pour supporter une telle difference de

Pſiché à nous. Pour moi, je vous avouë que je ne puis ſouffrir qu'in-digne d'un ſi grand bonheur, elle en joüiſſe davantage. Souvenez-vous avec quelle fierté & quelle arrogance elle en a uſé avec nous, avec quelle oſtentation inſuppor-table elle nous a fait voir toutes ſes richeſſes, dont elle ne nous a donné qu'à regret une très-petite partie. Bien-tôt laſſe de nous voir, elle a commandé aux vents, de nous remporter, & s'eſt défaite de nous d'une maniere choquante : mais je veux n'être pas femme, & ceſſer de vivre, ſi je ne la précipite d'une haute fortune ; & ſi l'affront qu'elle nous a fait vous eſt auſſi ſenſible qu'à moi, prenons en-ſemble des meſures juſtes pour la perdre. Ne montrons à nos pa-rens, ni à perſonnes les préſens qu'elle nous a faits ; faiſons même comme ſi nous n'avions pû ap-prendre aucune de ſes nouvelles ;

il fuffit de ce que nous avons vû
qui nous caufe affez de chagrin,
fans aller apprendre à nos parens
& à tous leurs fujets la félicité
dont elle joüit ; car les hommes
ne font point véritablement heureux, quand leur bonheur n'eft
connu de perfonne. Il faut faire
fentir à Pfiché que nous fommes
fes fœurs aînées, & non pas fes
efclaves. Retournons chez nos
maris dans des maifons bien mo-
deftes auprès de celle que nous
venons de quitter, & quand nous
aurons pris nos mefures fur ce
que nous avons à faire, nous reviendrons à coup fûr punir fon
orguëil.

S'étant fortifiées l'une & l'autre
dans cette pernicieufe réfolution,
elles cacherent les riches préfens
que leur fœur leur avoit faits, &
arriverent dans la maifon pater-
nelle, contrefaifant les affligées,
s'arrachant les cheveux, & s'égra-

tignant le visage qu'elles auroient
bien mérité d'avoir déchiré tout-à-
fait. Elles renouvellerent par ces
larmes feintes la douleur où leur
pere & leur mere s'étoient abandonnés ; ensuite elles s'en allerent
chez elles toujours occupées de
leurs mauvais desseins, & médi-
tant les moyens d'exécuter leurs
perfidies, ou plutôt leur parricide
contre une sœur innocente.

Cependant cet époux que Psiché ne connoissoit point, l'aver-
tissoit toutes les nuits de prendre
garde à elle. Vous ne voyez pas,
lui disoit-il, le péril dont la fortune vous menace, il est encore
éloigné ; mais si vous ne vous pré-
cautionnez de bonne heure, certainement vous succomberez. Vos
perfides sœurs mettent tout en
usage pour vous perdre, & sur
tout elles veulent vous persuader
de chercher à me voir ; mais comme je vous l'ai dit souvent, si vous

me voyez une fois, vous ne me reverrez jamais. C'eſt pourquoi, ſi ces abominables femmes reviennent ici avec leurs noires intentions, (& je ſçai qu'elles y viendront) ne leur parlez point ; & ſi vous ne pouvez vous en empêcher par la foibleſſe que vous avez pour elles, & par la bonté de votre naturel, au moins n'écoutez rien ſur ce qui regarde votre mari , & ne répondez pas un mot. Vous portez dans votre jeune ſein des fruits de notre Himenée: ſi vous tenez nos ſecrets cachés , je vous annonce que cet enfant ſera au nombre des Dieux, mais ſi vous les révélez ce ne ſera qu'un ſimple mortel.

Pſiché charmée de ce qu'elle venoit d'entendre, en devient plus belle ; elle s'applaudit de ſa fécondité , & ſe réjoüit dans l'eſpérance qu'elle a d'être mere d'un Dieu : elle compte avec ſoin les

jours & les mois dans l'impatience
qu'elle a de mettre au monde cet
enfant divin. Mais ſes ſœurs, ces
deux furies, qui ne reſpirent que
le crime, s'étoient embarquées
pour venir exécuter leur déteſta-
ble deſſein.

Cependant le mari de Pſiché
l'avertit encore de ce qu'elle
avoit à craindre : Voici, lui dit-il,
le dernier jour, le péril eſt proche ; vos ſœurs ingrates & déna-
turées, ont pris les armes, ont
ſonné la charge & vont fondre
ſur vous. Je les vois déja qui vous
tiennent le couteau ſur la gorge :
Ah ! ma chere Pſiché, que de
malheurs vous environnent ; ayez
pitié de moi, ayez pitié de vous-
même ; gardez un ſecret inviola-
ble, ſauvez votre mari, votre
maiſon, ſauvez-vous vous-même
avec ce cher gage que vous portez
dans votre ſein ; ne voyez point
ces femmes déloyales que vous

ne devez plus regarder comme vos sœurs, après la guerre mortelle qu'elle vous ont déclarée malgré les liens du sang ; n'écoutez point ces perfides Sirénes lorsqu'elles viendront sur ce rocher faire retentir les échos d'alentour de leurs funestes cris.

Je ne crois pas, lui dit Psiché d'une voix entrecoupée de sanglots, que jusqu'ici vous ayez eu lieu de vous plaindre de ma discrétion, & d'avoir manqué à ce que je vous ai promis ; vous connoîtrez mieux dans la suite si je suis capable de garder un secret. Commandez donc encore au Zéphir de m'obéir, & puisqu'il ne m'est pas permis de joüir de la vûë de votre divine personne, au moins que je puisse voir mes sœurs. Je vous le demande par ces cheveux parfumés qui tombent sur vos épaules, par ce visage qui ne peut être que parfaitement beau, qui me semble au toucher aussi délicat & aussi uni que le mien ; je vous en conjure enfin, par votre sein qui brûle de je ne sçai quelle chaleur extraordinaire, ne me refusez pas le plaisir de voir mes sœurs ; ainsi puissai-je vous voir un jour dans l'enfant qui naîtra de vous ! Accordez cette satisfaction à votre chere Psiché, qui ne vit & ne respire que pour vous. Je ne demande plus à vous voir, l'obscurité même de la nuit ne me fait nulle peine, puisque je vous tiens dans mes bras, vous qui êtes ma lumiere. Cet époux attendri se rendit aux prieres & aux caresses de Psiché ; il essuya avec ses cheveux les larmes qu'elles versoit ; & lui ayant promis ce qu'elle souhaitoit, il la quitta avant la pointe du jour.

Les deux sœurs conjurées, ayant pris terre, descendent promptement de leurs vaisseaux,

& sans aller voir leurs parens, s'acheminent vers le rocher, y montent avec précipitation. Là, par une témérité insolente, sans attendre le secours du vent qui les devoit porter, elles se jettent dans l'air ; le Zéphir qui n'avoit pas oublié l'ordre qui lui avoit été donné, les soutient & les porte, quoiqu'à regret, proche du Palais de Psiché. Elles y entrent sans s'arrêter un moment, & embrassant leur proye, à qui elles donnoient le nom de sœur, elles cachent avec une joye & des caresses feintes la noirceur de leurs intentions. Psiché, lui disoient-elles, vous n'êtes plus un enfant, vous serez bien-tôt mere ; que cette grossesse nous promet de grands avantages ; quelle joye pour toute notre famille, & que nous nous estimerons heureuses de donner nos soins à élever un enfant si précieux. S'il tient de son pere & de sa mere pour la beauté, il sera beau comme l'amour même. C'est ainsi que par ces fausses démonstrations d'amitié elles s'emparent de son esprit.

Après qu'elle les eût fait reposer, elle leur fait prendre le bain ; ensuite elle les conduit dans un appartement superbe, où elle leur fait trouver un repas magnifique. Elle ordonne qu'on jouë du luth, elle est obéie ; elle demande un concert de flûtes, leurs agréables sons se font entendre ; enfin elle veut que des voix se joignent aux instrumens, & l'on entend un chœur de musique admirable, sans qu'on voye aucun de ceux qui le composent. Mais les charmes de cette divine harmonie n'étoient pas capables de calmer la fureur dont ces perfides étoient possedées, & comme elles suivoient toujours leur projet, avec

une douceur feinte, elles s'infor-
ment de leur sœur, qui étoit son
mari, & quelle étoit sa famille.
Psiché trop simple & trop peu
défiante, ne se souvenant plus de
ce qu'elle leur avoit répondu sur
cela, inventa sur le champ un
nouveau mensonge, & leur dit
que son mari étoit de la province
voisine ; que c'étoit un homme
qui faisoit un grand commerce,
& qui étoit puissamment riche ;
qu'il étoit entre deux âges, &
commençoit à avoir des cheveux
blancs : & coupant court sur ce
discours, elle les comble de riches
présens comme la premiere fois,
& les renvoya par le même vent
qui les avoit apportées.

A peine le Zéphir les eût-il
rendu où il les avoit prises,
que s'en allant chez leur pere,
elles eurent cette conversation.
Que dîtes-vous, ma sœur, disoit
l'une, du ridicule mensonge que

En ce palays ſes ſœurs pleines d'enuie
Deſſus les ventz deſcendent doucement,
Pour deſcouurir la bien-heureuſe vie
Qu'Amour vouloit mener couuertement,
Pſiché leur fiſt gracieux traitement:
Mais par acueil & Theſors preſentez,
Impoſſible eſt d'apaiſer le tourment   XI
Que fait Enuie en faintes voluntez.

cette innocente vient de nous
faire ? Son mari, à ce qu'elle nous
difoit, étoit un jeune homme,
qui n'avoit point encore de barbe ;
préfentement il eft entre deux
âges, & fes cheveux commencent
à blanchir. Quel eft donc cet
homme qui vieillit de la forte en
fi peu de tems ? Ma fœur, reprit
l'autre, de deux chofes l'une, ou
Pfiché ne nous a pas dit la vérité,
ou jamais elle n'a vû fon mari.
Que ce foit l'un ou l'autre, il faut
faire en forte au plûtôt de détruire le bonheur dont elle joüit.
S'il eft vrai qu'elle ne fçache point
comme eft fait fon époux, fans
doute elle eft mariée à un Dieu,
elle porte un enfant divin dans
fon fein ; & certainement fi elle
vient à être mere de quelque
demi-Dieu (le Ciel nous en pré-
ferve) mais fi cela arrivoit, je
m'étranglerois dans le moment.
Cependant retournons chez notre

pere, & prenons des mesures justes pour venir à bout de nos desseins.

Ainsi agitées par la violence
de leur passion criminelle, après
avoir par maniere d'aquit, visité
leur pere & leur mere, elles se
levent avant la fin de la nuit,
troublent toute la maison, en
sortent comme des furies, courent
au rocher, & y arrivent avec le
jour ; & de là, par le secours ordinaire du Zéphir, volent au palais
de leur sœur. Après s'être frottées
les yeux pour en arracher quelques larmes, elles l'abordent avec
ce discours plein d'artifice : Vous
vivez heureuse & tranquille dans
l'ignorance de votre malheur, &
du péril où vous êtes exposée ;
mais nous qui veillons pour vos
interêts, nous sommes dans une
peine effroyable de vous voir à
deux doigts de votre perte ; &
la part que nous prenons à ce
qui

Qui receuez amoureuses douceurs
Et les loyers d'vn labeur enduré,
Ne vous fiez en freres, ny en sœurs,
Ny en Conseil d'vn amy pariuré.
Voyez les sœurs d'vn visage asseuré
Faindre qu'amour est serpent deshonneste:
Psiché le creut & de cueur coniuré   XII.
Delibera de luy trancher la teste.

qui vous regarde, fait que nous
ne pouvons plus vous cacher ce
que nous avons appris de votre
fort. Nous sçavons très-certaine-
ment qu'un Serpent d'une grandeur prodigieuse vient tous les
soirs la gueule dégoutante de
sang & de venin, passer la nuit
secretement auprès de vous. Souvenez-vous de l'Oracle d'Apollon, qui répondit que vous étiez
destinée à épouser un monstre
cruel. Plusieurs païsans & quelques chasseurs des environs le
virent hier au soir comme il venoit de se repaître, qui se baignoit
sur le bord de la riviere qui est au
pied de ce rocher ; & tout le
monde assure que vous ne joüi-
rez pas long-tems des plaisirs
que vous goûtez ici, & que lorsqu'étant prête d'accoucher, vous
serez encore plus grasse & plus
pleine que vous n'êtes, ce dragon ne manquera pas de vous

Tome I.   Cc

dévorer. C'eſt donc à vous de voir ſi vous voulez croire vos ſœurs, à qui votre vie eſt infiniment chere,& lequel vous aimez mieux, ou de vivre avec nous hors de danger, ou d'être enſevelie dans le ventre d'un monſtre. Que ſi malgré ce que nous vous diſons, cette ſolitude où vous n'entendez que des voix, a des charmes pour vous ; ſi vous êtes touchée des careſſes infames & dangereuſes de ce dragon, de maniere que vous ne vouliez pas ſuivre nos conſeils, au moins n'aurons-nous rien à nous reprocher, nous aurons fait notre devoir à votre égard.

La pauvre Pſiché trop ſimple & trop crédule, fut ſi épouvantée de ce que ſes ſœurs lui diſoient, & en eut l'eſprit ſi troublé, que ne ſe ſouvenant plus des avertiſſemens de ſon mari, ni de la promeſſe qu'elle lui avoit faite, elle

courut elle-même au-devant de
sa perte. Mes cheres sœurs, leur
dit-elle, avec un visage où la
frayeur étoit peinte, & d'une voix
entrecoupée de sanglots, vous
me donnez des marques bien sen-
sibles de la tendresse que vous
avez pour moi ; j'ai même lieu
de croire que ceux qui vous ont
fait ce rapport ne vous ont rien
dit qui ne soit véritable. Je n'ai
jamais vû mon mari, & j'ignore
absolument de quel païs il est.
Je passe les nuits avec cet époux,
dont j'entends seulement la voix,
que je ne connois point, & qui
fuit la lumiere. Je ne puis m'empêcher de convenir, qu'il faut
bien que ce soit quelque monstre
comme vous me l'avez dit ; car il
m'a toujours défendu expressé-
ment, & avec grand soin de sou-
haiter de le voir, m'assurant que
cette curiosité m'attireroit le dernier des malheurs. Si vous sçavez

donc quelques moyens, de fecou-
rir votre fœur dans cette extré-
mité, ne les lui refufez pas, je
vous en conjure. Quand on fe
repofe trop fur la providence des
Dieux, on en devient indigne.

Ces méchantes femmes voyant
le cœur de Pfiché à découvert,
crurent qu'il n'étoit plus befoin
de prendre aucun détour, & que
s'étant entierement emparées de
fon efprit, elles n'avoient qu'à
agir ouvertement. Ainfi l'une
d'elles prenant la parole : Les
liens du fang, lui dit-elle, qui
nous uniffent à vous, nous enga-
gent à ne confiderer aucun danger, quand il s'agit de votre confervation. Ainfi nous vous dirons
le feul moyen que nous avons
trouvé qui peut empêcher votre
perte ; muniffez-vous d'un bon
rafoir bien repaffé & bien tran-
chant, & le ferrez dans votre lit,
du côté où vous avez accoutumé

de coucher ; cachez auſſi ſous
quelque vaſe une petite lampe
pleine d'huile & bien allumée,
faites tout cela ſecretement ; &
lorſque le monſtre ſe ſera traîné
en rampant à ſon ordinaire juſqu'à
votre lit, qu'il ſe ſera couché
auprès de vous, & que vous le
verrez enſeveli dans un profond
ſommeil, levez-vous doucement
& ſans faire le moindre bruit,
allez querir votre lampe, ſervez-
vous de ſa lumiere, & prenez bien
votre tems pour exécuter une
action courageuſe. Coupez hardiment la tête de ce dragon avec
le raſoir que vous aurez préparé ;
nous ſerons toutes prêtes à vous
ſecourir, & ſi-tôt que vous aurez
mis votre vie en ſureté par ſa
mort, nous reviendrons vous trouver, pour emporter avec vous tous
les tréſors qui ſont dans ce palais,
enſuite nous vous donnerons un
époux qui vous convienne. Après

que ces perfides eurent ainſi enflamé le cœur de Pſiché , elles
prirent congé d'elle , craignant
d'être enveloppées dans le péril
où elles l'expoſoient, & ſe firent
rapporter par le Zéphir ſur le
rocher où il avoit accoutumé de
les aller prendre. Si-tôt qu'elles
y furent, elles allerent vîte regagner leurs vaiſſeaux pour retourner chez elles.

Pſiché abandonnée à elle-même,
ou plûtôt aux furies qui la dé-
chirent, n'eſt pas moins agitée
que la mer pendant l'orage. Quelque ferme réſolution qu'elle eût
priſe , le tems venu d'exécuter
ſon deſſein , elle chancelle , &
ne ſçait à quoi ſe réſoudre. Dans
le triſte état où elle eſt réduite,
ſon cœur eſt tourmenté de mille
paſſions differentes ; elle ſe hâte ,
elle differe, elle oſe, elle craint,
elle ſe défie, elle eſt tranſportée
de colere ; & ce qui eſt de plus

cruel pour elle , dans le même objet, elle hait un monstre , & aime un mari. Enfin voyant le jour prêt à finir , elle se détermine & prépare avec précipitation, tout ce qu'il faut pour exécuter son projet criminel.

Quand il fut nuit, son mari vint se coucher auprès d'elle. Après qu'il lui eût fait de nouvelles protestations de tendresse , il s'endort profondément. Alors Psiché toute foible de corps & d'esprit qu'elle étoit , poussée par son mauvais destin, qui lui donnoit de nouvelles forces, sort du lit, prend la lampe & le rasoir , & se sent animée d'une hardiesse au-dessus de son sexe. Mais si-tôt qu'elle eût approché la lumiere , elle apperçoit le plus doux & le plus apprivoisé de tous les monstres ; elle voit Cupidon, ce Dieu charmant, qui reposoit d'une maniere aimable. Ce rasoir odieux qu'elletient

dans fa main, femble fe vouloir
émouffer , & la lumiere de la
lampe en devient plus vive.

Pfiché furprife d'une vûë à laquelle elle s'attendoit fi peu, toute
hors d'elle-même, pâle, tremblante, & n'ayant pas la force de
fe foutenir, fe laiffe aller fur fes
genoux & veut cacher, mais dans
fon propre fein, le fer qu'elle tenoit, ce qu'elle auroit fait fans
doute, fi pour fe dérober à un fi
grand crime, il ne lui fût tombé
des mains. Toute foible & toute
abbatuë qu'elle étoit, la vûë de
cette beauté divine ranime fon
corps & fon efprit. Elle voit une
tête blonde toute parfumée ,
une peau blanche & délicate, des
jouës du plus bel incarnat du
monde , de longs cheveux frifés ,
dont les boucles qui fembloient
briller plus que la lumiere de la
lampe, tomboient négligemment
fur les épaules & fur le fein de ce

charmant

Le glaiue prest, tenant la lampe Ardente,
Psiché venoit pour tuer le Serpent:
Cogneut Amour, le voyant se repent,
Et curieuse vn peu plus que contente
Pique son doit d'vne fleche poignante:
Puys a reuoir ce petit dieu réuient
Lequel brulé par huyle estincellente,   XIII
S'esueille & part, elle en Vain le retient.

charmant époux. Il avoit des aîles de couleur de roses, dont les plumes les plus petites & les plus legeres sembloient se joüer au mouvement de l'air qui les agitoit ; tout le reste de son corps étoit d'un éclat & d'une beauté parfaite, & tel que Venus pouvoit se glorifier de l'avoir mis au monde.

11 Psiché apperçût aux pieds du lit un arc, un carquois, & des fléches, qui sont les armes de ce Dieu puissant, qui font de si douces blessures : elle les examine avec une curiosité extraordinaire, & les admire. Elle prend une des fléches, & voulant essayer du bout du doigt si la pointe en étoit bien fine, elle se fit une legere piquûre dont il sortit quelques goutes de sang. C'est ainsi que sans y penser Psiché devint amoureuse de l'Amour même. Alors se sentant enflamer de plus en plus pour son

cher époux, elle le baise tendrement, redouble ses caresses avides & empressées, & craint la fin de son sommeil.

Mais pendant qu'elle goûte de si doux plaisirs, cette perfide lampe, comme si elle eût été jalouse, ou qu'elle eût souhaité de toucher & de baiser aussi cet aimable Dieu, laisse tomber une goute d'huile enflamée sur son épaule droite. Ah ! lampe audacieuse & téméraire, tu brûles l'auteur de tous les feux du monde : est-ce ainsi qu'il faut servir les amans, toi qui as été inventée par eux pour joüir pendant la nuit de la vûë de ce qu'ils aiment ? L'Amour se sentant brûler, s'éveille tout d'un coup, & voyant qu'on lui avoit manqué de parole, se débarasse d'entre les bras de l'infortunée Psiché, & s'envole sans lui parler. Mais elle le saisit avec ses deux mains par la jambe

13.

Ve da i qui col ferro, e'l lume ardente
Sopra il bel fanciullin di Citherea
Il qual trouando in luogo di Serpente
Pentita lascia quel, che far bella
Pragasi vn dito con vnstral pungente
E à mirar torna il figlio de la Dea
Che poi chol concente è glo lor isuiglia
Fugge volando è elle à vn pie s'appiglia.

droite, de maniere qu'elle est enlevée en l'air, jusqu'à ce qu'étant lasse & n'en pouvant plus, elle lâche prise & tombe à terre. Ce Dieu amant ne voulant pas d'abord l'abandonner dans cet état, vole sur un ciprès qui étoit proche, d'où il lui parla ainsi.

Trop foible & trop simple Psi- « ché, loin d'obéïr à Venus ma « mere, qui m'avoit ordonné de « vous rendre amoureuse du plus « méprisable de tous les hommes, « & d'en faire votre époux, moi- « même j'ai voulu rendre homma- « ge à vos charmes. J'ai fait plus, & « je vois bien que j'ai eu tort; je me « suis blessé pour vous d'un de mes « traits, & je vous ai épousée, & « tout cela, Psiché, afin que vous « crussiez que j'étois un monstre, « & que vous coupassiez une tête « où sont ces yeux qui vous trou- « voient si belle. Voilà le malheur « que je vous prédisois toujours «

» qui nous arriveroit, fi vous né-
» gligiez les avertiſſemens que je
» vous donnois avec tant de ten-
» dreſſe. A l'égard de celles qui
» vous ont donné des conſeils ſi
» pernicieux, avant qu'il ſoit peu
» je les en ferai repentir ; pour
» vous je ne puis mieux vous pu-
» nir qu'en vous abandonnant.

En achevant ces mots, l'Amour s'envole. Pſiché couchée par terre, pénétrée de la douleur la plus vive & la plus affreuſe, le ſuit des yeux tant qu'elle peut. Si-tôt qu'elle l'a perdu de vûë, elle court ſe précipiter dans un fleuve qui étoit près de là ; mais ce fleuve favorable, par reſpect pour le Dieu qui porte ſes feux juſqu'au fond des flôts, & redoutant ſon pouvoir, conduit Pſiché ſur le rivage ſans lui faire aucun mal, & la poſe ſur un gazon couvert de fleurs.

Par hazard le Dieu Pan étoit

A terre cheut à triſte œil le conduit,
Puys ſe iettant dans l'eau de haulte riue
Veult que la mort de tant de maulx la priue,
Sa volunté le doux fleuue Eſconduit,
Qui d'vne part en l'autre la reduit,
Ou Pan chantoit, lequel de bonne ſorte
A luy conter ſes fortunes L'induit: XIIII
Mais rien qu'Amour d'amours ne la conforte.

Scendea Syringa il gran monte Lyceo,
Per riueder l'amate sue sorelle.
All'hor che Pan, cornuto Semideo,
S'innamorò delle sue treccie belle,
Et per pigliarla ogni suo sforzo feo,
Scoldato da venere e facelle,
Ma, mentre col pensier Syringa chiude,
Sol canne abbraccia in humida palude.

aſſis ſur une petite éminence au
bord du fleuve, & toujours amoureux de la Nymphe Sirinx tranſ-
formée en roſeau : il lui appre-
noit à rendre toutes ſortes de ſons
agréables , pendant que ſes chévres bondiſſoient autour de lui ,
paiſſant de côté & d'autre ſur le
rivage. Ce Dieu champêtre qui
n'ignoroit pas l'avanture de Pſiché , la voyant prête à mourir de
douleur & de déſeſpoir , la prie
de s'approcher de lui , & tâche
de modérer ſon affliction , en lui
parlant ainſi : Mon aimable enfant , quoique vous me voyiez
occupé à garder des chévres , je
ne laiſſe pas d'avoir appris bien
des choſes par une longue expérience ; mais ſi je conjecture bien,
ce que des gens prudens appellent
deviner , à voir votre démarche ,
l'abbatement où vous êtes , vos
pleurs & la maniere dont vous
ſoupirez , un violent amour vous

tourmente ; c'est pourquoi, croyez
mes conseils, ne cherchez plus la
mort en aucune façon, séchez vos
larmes & calmez votre douleur.
Adressez vos vœux & vos prieres
à Cupidon, le plus grand des
Dieux ; & comme il est jeune &
sensible, comptez que vos soins
vous le rendront favorable.

Psiché ne répondit rien à ce
Dieu des Bergers ; mais l'ayant
adoré comme une Divinité pro-
pice, elle continua son chemin.
Après avoir marché quelque tems
comme une personne égarée, elle
suivit un chemin qu'elle ne connoissoit point, qui la conduisit à
une ville où regnoit le mari d'une
de ses sœurs. Psiché en étant informée, se fit annoncer à sa sœur,
& demanda à la voir. Elle fut
aussi-tôt conduite auprès d'elle.
Après qu'elles se furent embras-
sées l'une & l'autre, Psiché à qui
sa sœur demanda le sujet de son

voyage, lui parla ainſi : Vous vous
ſouvenez du conſeil que vous me
donnâtes de couper avec un raſoir la tête à ce monſtre, qui
ſous le nom d'époux venoit paſſer
les nuits avec moi, & de préve-
nir le deſſein qu'il avoit de me
dévorer. Mais comme j'allois l'entreprendre, & que j'eus approché
la lumiere pour cet effet, je vis
avec la derniere ſurpriſe le fils de
Venus, Cupidon lui-même, qui re-
poſoit tranquillement. Tranſportée de plaiſir & d'amour à cette
vûë, dans le moment que j'allois
embraſſer ce charmant époux, par
le plus grand malheur du monde,
je répandis une goute d'huile
enflamée ſur ſon épaule. La douleur l'ayant éveillé, comme il me
vit armé de fer & de feu : Pour
punition, dit-il, d'un ſi noir atten-
tat, retirez-vous, je romps pour
jamais les liens qui vous uniſſoient
à moi. Je vais tout préſentement

époufer votre fœur, continua-t'il, en vous nommant par votre nom; en même-tems, il ordonna au Zéphir de m'emporter loin de fon Palais. ¹⁵

A peine avoit-elle achevé de parler, que fa fœur, pouffée du défir déreglé de fatisfaire à un amour criminel, auffi-bien que de la jaloufie qu'elle avoit euë du bonheur de Pfiché, prit pour prétexte auprès de fon mari la mort d'un de fes parens, qu'elle fuppofa avoir apprife, & s'embarqua fur le champ. Elle arrive à ce rocher, elle y monte, & fans examiner fi le vent qui fouffloit alors étoit le Zéphir ou non, aveuglée d'une folle efpérance : Amour, dit-elle, reçois-moi pour ta femme; & toi, Zéphir, porte celle qui te doit commander. En même-tems elle fe jette en l'air, & tombe dans des précipices ; elle ne pût même arriver après fa mort où elle fouhaitoit ; car fes

Psiché errant comme vne pauure Dame
Vient vers ses sœurs, & par fainte leur conte
L'outrage grand, le deshonneur, & blasme,
Que luy a fait son mary, & la honte.
A l'escouter chacune fut trop prompte,
Et desirant d'Amour estre espousée
Soudainement sur le hault rocher monte, XV.
Au choir duquel elle fut desbrisée.

Dedans la mer sur deux Dauphins assise
Se pourmenoit Venus Enuironnée
De dieux Marins, & Nymphes aornée,
Quand la mouette à son Oreille mise
Dist à venus: d'vn malheur ie t'auise,
C'est que ton filz est au lict fort blecé,
Et toy icy: tout le monde en deuise,   XVI.
Qui sans toy est de grace delaissé.

membres brisés & disperfés fur
les rochers, ainfi qu'elle l'avoit
bien mérité, fervirent de pâture
aux oifeaux & aux bêtes fauva-
ges. L'autre fœur ne fut pas long-
tems fans être punie ; car Pfiché
qui erroit par le monde, étant
arrivée à la ville où elle faifoit
fon féjour, la trompa de la même
maniere. Celle-ci n'eut pas moins
d'empreffement que l'autre de
fupplanter fa fœur en époufant le
Dieu de l'Amour ; elle courut fur
le rocher & tomba dans le même
précipice.

Pendant que Pfiché occupée
à chercher Cupidon, parcouroit
le monde, ce Dieu étoit couché
dans le lit de fa mere, malade de
fa bleffure. Dans ce tems-là un
de ces oifeaux blancs qu'on voit
fouvent nager fur les flots, plon-
gea dans la mer, & fut trouver
Venus qui fe baignoit au fond de
l'Océan. Il lui apprit que fon fils

étoit au lit , pour une brûlure
qu'il avoit à l'épaule, dont il souf-
froit beaucoup , qu'il étoit même
en grand danger , & qu'il couroit
d'étranges bruits par toute la terre de la famille de Venus ; que
pendant que Cupidon s'étoit re-
tiré sur le haut d'une montagne
avec une maîtresse , Venus se di-
vertissoit dans les bains de Thétis ,
au fond de la mer. Ainsi, continua-
t'il , le monde est privé de plaisirs , on n'y voit plus les graces
ni les ris ; les hommes sont devenus grossiers & sauvages ; on n'y
connoît plus la tendre amitié ni
les engagemens ; il ne se fait plus
de mariages , & le monde ne peut
manquer de finir par le désordre
qui regne par tout. C'est ainsi que
cet oiseau indiscret & causeur déchiroit la réputation de l'Amour
devant la Déesse sa mere.

Comment , s'écria Venus en
colere, mon fils a déja une maî-

treffe ? je te prie , dit-elle à l'oifeau, toi qui m'es feul refté fidéle,
apprens-moi le nom de celle qui
a féduit cet enfant : Eft-ce une
Nymphe, une des Heures, une
des Mufes ou une des Graces qui
font à ma fuite. Je ne fçai, lui
répondit l'oifeau , qui ne pouvoit
fe taire, mais il me femble qu'on
dit que celle qu'il aime fi éperdû-
ment fe nomme Pfiché ? Quoi,
s'écria Venus avec tranfport, il
aime cette Pfiché , qui a l'infolence de me difputer l'empire de
la beauté, & d'ufurper mon nom ;
& pour comble d'indignité , il
femble que j'aye été la médiatrice
de cet amour ; car c'eft moi qui
lui ai fait voir cette mortelle , il
ne la connoît que par moi. En
achevant ces mots elle fortit de
la mer, & s'en alla droit à fon
Palais. A peine fut-elle à la chambre où l'Amour étoit malade,
qu'elle s'écria dès la porte : Ce

que vous avez fait eſt beau, &
bien digne de vous & de votre
naiſſance ! vous ne vous êtes pas
contenté de mépriſer l'ordre que
votre mere & votre ſouveraine
vous avoit donné, loin d'enflamer
mon ennemie pour quelqu'homme indigne d'elle, vous l'avez
aimée vous-même, & à votre âge
vous avez la témérité de vous
marier, & d'épouſer une femme
que je déteſte. Sans douce, petit
ſéducteur, petit broüillon, que
vous êtes, vous croyez être en
droit de faire tout ce qu'il vous
plaît, & que je ne ſuis plus en
âge d'avoir un autre fils ; mais je
vous prie de croire que cela n'eſt
pas vrai, & que j'eſpere avoir un
fils qui vaudra beaucoup mieux
que vous. Et quand cela ne ſeroit
pas, afin que vous reſſentiez mieux
le peu de cas que je fais de vous ;
j'adopterai quelqu'un des enfans
de ma ſuite, & je lui donnerai les

Venus s'en vient deuers son filz Amour
L'interroguer, pourquoy luy fait ce tour
De prendre ainsi pour espouse & amye
Celle qui est sa plus-grande ennemye.
Puys par despit en courroux a Iuré
De luy oster feu, trousse, & arc doré,
Ce dit s'en ua, & recite aux déesses   XVII.
De son Enfent Cupido les Finesses.

I 7

aîles, le flambeau, l'arc & les fléches, en un mot tout ce que je
vous avois donné, & dont vous
avez fait un si mauvais usage: tout
cela vient de moi, & non pas de
votre pere. Mais vous n'avez jamais eu que de mauvaises incli-
nations; vous étiez méchant dès
votre enfance, vous n'avez aucun
égard ni aucun respect pour vos
parens, que vous avez maltraités
tant de fois, & moi-même qui
suis votre mere, combien de fois
ne m'avez-vous pas blessée? vous
me traitez avec mépris, comme
une veuve abandonnée, sans craindre ce fameux guerrier qui est
votre beau-pere. Que dis-je, malgré le chagrin que cela me cause,
ne le blessez-vous pas à tout moment pour cent beautés différentes; mais je vais faire en sorte
que vous aurez tout lieu de vous
repentir d'en user ainsi, & du beau
mariage que vous avez fait.

Mais que ferai-je préfentement, dit-elle en elle-même, lorfque ce fils ingrat me méprife? A qui m'adrefferai-je? Comment pourrai-je punir ce petit fourbe? Irai-je demander du fecours à la Sobriété qui eft ma mortelle ennemie, & que j'ai tant de fois offenfée pour complaire à mon fils, & faudrat'il même que j'entre feulement en converfation avec une femme fi défagréable & fi groffiere? elle me fait horreur; mais il faut me venger à quelque prix que ce puiffe être. Il n'y a que la Sobriété qui puiffe me bien fervir en cette occafion; il faut qu'elle chatie rigoureufement cet étourdi, qu'elle vuide fon carquois, ôte le fer de fes fléches, détende fon arc, éteigne fon flambeau, & affoibliffe fon corps par l'abftinence. Alors je me croirai bien vengée, & je ferai tout-à-fait contente fi je puis couper ces beaux cheveux blonds

IB

que j'ai si souvent accommodés
moi-même, & si je puis arracher
les plumes de ces aîles que j'ai
tant de fois parfumées.

Après que Venus eût ainsi parlé,
elle sortit de son Palais toute en
fureur. Cérés & Junon la rencon-
trerent, & la voyant en cet état,
elles lui demanderent pourquoi
par un air si chagrin elle ternissoit
l'éclat de ses beaux yeux. Vous venez ici fort à propos, leur dit-elle,
redoubler l'excès de mes peines
par vos railleries : vous devriez
plûtôt (& même je vous en prie)
faire tout votre possible pour me
découvrir cette Psiché qui est er-
rante & fugitive par le monde ; car
je ne doute pas que vous ne sça-
chiez une chose aussi publique que
celle qui m'est arrivée & à mon
fils, que je ne dois plus regarder
comme tel, après ce qu'il a fait.

Ces Divinités qui sçavoient
tout ce qui s'étoit passé, tâcherent

de calmer fa colere en lui parlant
ainfi : Quel mal vous a fait votre
fils, Déeffe, pour vous oppofer à
fes plaifirs avec tant d'opiniâtreté,
& pour vouloir perdre celle qu'il
aime ? A-t'il commis un crime en
fe laiffant toucher aux charmes
d'une belle perfonne ? Avez-vous
oublié fon âge, ou parce qu'il eft
toujours beau & délicat ; croyez-
vous qu'il foit toujours un enfant ?
Au refte, vous êtes mere, & vous
êtes prudente, de quel œil croyez-
vous qu'on vous verra avec une
attention continuelle fur les ga-
lanteries de votre fils, condamner
en lui des paffions dont vous faites gloire, & lui interdire des plaifirs que vous goutez tous les jours.
Les hommes & les Dieux pou-
ront-ils fouffrir que vous, qui ne
ceffez point d'infpirer la tendreffe
par tout l'univers, vous la banif-
fiez fi févérement de votre famille, & pourquoi voulez-vous

empêcher

empêcher les femmes de se préva-
loir de l'avantage que leur beauté
leur donne sur les cœurs? C'est
ainsi que ces Déesses redoutant
les traits de Cupidon, prenoient
son parti, quoiqu'il fût absent ;
mais Venus indignée de voir
qu'elles regardoient comme une
bagatelle une chose qui lui tenoit
si fort au cœur, les quitta & s'en
alla fort vîte du côté de la mer.

Fin du cinquiéme Livre.

REMARQUES
SUR
LE CINQUIE'ME LIVRE.

ELLE *jugea qu'ils étoient en grand nombre, par les chœurs de musique qu'elle entendoit.* Les Sçavans ne sont point d'accord sur la maniere dont étoient composes les chœurs de Musique des Anciens. Les uns sont persuadés qu'ils étoient travaillés à plusieurs parties differentes comme les nôtres ; les autres prétendent que c'étoit simplement un sujet chanté par un grand nombre de voix à l'Unisson & à l'Octave, de la même maniere que le peuple chante dans nos Eglises.

L'idée que ces derniers ont de la Musique ancienne, ne répond guére à celle que tant de grands Hommes ont voulu nous en donner, par tout ce qu'ils en ont écrit, & par les merveilleux effets qu'ils lui attribuoient. Si cette Musique n'avoit été qu'un simple chant, sans parties dif-

ferentes, méritoit elle toute la peine
qu'ils se font donnez pour expliquer une
science qui, sans harmonie, auroit été si
simple & si facile, & qui néanmoins dans
leurs écrits, paroît si composée & si difficile. Si quelqu'un vouloit expliquer ce
que c'est que notre Mélodie, c'est-à-dire,
nos chants destitués de parties qui font
harmonie, il auroit bien tôt fait. Il ne
seroit point nécessaire, qu'il expliquât,
comme font les Anciens, ce que c'est que
Consonances & Dissonances, ce qui sup-
pose nécessairement des sons differens
frappés en même-tems : il n'auroit qu'à
dire que la Mélodie est une disposition
& une suite des sons graves & aigus pro-
portionnés entre eux , & séparés par de
justes intervales dont l'oreille est satif-
faite ; ce qui se peut pratiquer sur deux
tons ou modes differens , le B mol & le
B quarre, & que ce qui differencie ces
deux modes , c'est que la tierce est mineure au B mol & majeure au B quarre.
Ce seroit là tout le mystere.

Mais puisque les Anciens ont tant écrit
sur les Consonances & Dissonances, &
qu'ils en ont raisonné si à fond & si sça-
vamment, on ne peut nier qu'ils ne ffets
nussent l'harmonie, & les differens econ-

que les differens accords font à l'oreille ; pourquoi donc veut-on qu'ils ne les
ayent pas employés dans la compofition de leur Mufique ?

Ceux qui foutiennent l'opinion contraire, prétendent entr'autres la prouver,
parce que dans la divifion que les Anciens faifoient des accords, ils n'admet-
toient pour Confonances que la quarte,
la quinte, l'octave & leur reduplication,
& mettoient la tierce avec la feconde,
la fexte & la feptiéme au rang des Diffonances. C'eft ainfi qu'un fçavant*Mo-
derne, qui a écrit exprès fur ce fujet, s'en
explique. *Ariftoxene lui-même, dit-il,
avec toutes fes belles fpéculations & les pro-
fondes connoiffances de la Mufique, pou-
voit-il fçavoir notre compofition, fans s'être
apperçû que les deux tierces font les plus
belles & les plus parfaites des Confonances ;
que la quarte dont toute l'antiquité a parlé,
comme de la premiere des Confonances eft la
plus imparfaite, & qu'elle ne mérite pas
même le nom de Confonance.* Ceux qui parlent ainfi croyent fans doute que les
Diffonances font excluës de la compofition de la Mufique, en quoi ils fe trom-
pent fort, puifqu'elles en font tout le

* Monfieur Perault.

SVPERIVS I.
SVPERIVS II.
TENOR.
CONTRATENOR.
BASSVS I.
BASSVS II.

fel & l'agrément, & que par leur mélange & leur contraſte avec les Conſo-
nances, elles ſervent à rendre l'harmonie bien plus belle & bien plus variée.
Ainſi quoique les anciens ayent nommé la tierce Diſſonance, cela n'empêche
pas qu'ils ne s'en ſerviſſent auſſi-bien
que nous ; & la quarte qu'ils regardoient comme Conſonance, qui eſt ſi
imparfaite (à ce que dit Monſieur Per-
rault) qu'elle n'en mérite pas ſeulement
le nom, & cependant réputée par nos
Muſiciens auſſi-bien Conſonance que
Diſſonance, ſuivant la maniere dont
elle eſt employée. Ainſi, que les Anciens ayent nommé la tierce Diſſonance & la quarte Conſonance, le nom ne
fait rien à la choſe, il ſuffit qu'ils ſe ſervoient de l'une & de l'autre, & cela ne
conclud rien pour leur ignorance dans
la compoſition.

Mais que peut-on alléguer contre tant
de paſſages qu'on trouve dans les anciens Auteurs, qui font voir ſi claire-
ment que leur Muſique étoit à pluſieurs
parties differentes, qui formoient harmonie ? Il ſuffit ici d'en rapporter deux
ou trois. L'Auteur du Livre *de Mundo,*
que l'on met parmi les Oeuvres d'Ariſ-

tote, dit que ᵃ *la Mufique par le mélange qu'elle a fait des fons aigus & graves, longs & cours, a compofé une harmonie en differentes voix.* Élien, Philofophe Platonicien, dans fon Commentaire fur le Timée de Platon, dit que ᵇ *la fymphonie eft le mélange & le concours de deux ou plufieurs fons differens, felon l'aigu & le grave.* Si quelqu'un vouloit décrire un de nos chœurs de Chapelle ou d'Opéra , comment pourroit-il mieux l'exprimer que par ce paffage de Sénéque, Epître LXXXIV. Le voici tel qu'il eft dans cet Auteur, afin qu'on ne croye pas que j'y aye rien changé en le traduifant. *Non vides quam multorum vocibus chorus conftet ? Unus tamen ex omnibus fonus redditur , aliqua illic acuta eft, aliqua gravis, aliqua media ; accedunt viris fœminæ ; interponuntur tibiæ : fingulorum illic latent voces , omnium apparent, fit concentus ex diffonis. Ne voyez-vous pas de combien de fortes de voix un chœur de Mufique eft compofé ? Cependant tous ces*

ᵃ Μουσικὴ ὀξεῖς ἅμα ϗ βαρεῖς μακρούς τε ϗ βραχεῖς φθόγγους μίξασα, ἐν διαφόροις φωναῖς μίαν ἀπετέλεσεν ἁρμονίαν.

ᵇ Συμφωνία δέ ἐστι δυοῖν ϗ πλειόνων φθόγγων ὀξύτητι ϗ βαρύτητι διαφερόντων κατὰ τὸ αὐτὸ πτῶσις ϗ κρᾶσις.

Dessiné et Gravé par B. Picart C.P.R.

tons differens ne forment qu'un seul son. Il y a des voix claires & perçantes, il y a de grosses voix, il y en a d'autres qui tiennent le milieu : les femmes chantent avec les hommes, on y mêle les flûtes : chaque voix ne se distingue pas séparément, mais on les entend toutes ensemble ; ainsi de plusieurs sons differens il se forme harmonie parfaite.

En voilà assez, je croi, pour prouver que la Musique des Anciens n'étoit point inferieure à la nôtre, en cette partie qui regarde les accords & l'harmonie; mais bien-loin de lui être inferieure, il y a tout lieu de croire qu'en général elle étoit infiniment plus parfaite, puisque au rapport de toute l'antiquité, elle avoit le pouvoir d'exciter la colere, l'amour, la tristesse, l'ardeur de combattre & les autres passions, suivant l'intention du Musicien ; au lieu que la nôtre ne peut tout au plus que nous porter à une douce & tendre rêverie, ou à un peu de gayeté. Ceux qui ne sont pas de cet avis, ne manquent pas de traiter cela de fables, & de dire, que comme les Anciens n'avoient point l'idée qu'on pût porter la Musique, toute simple qu'elle étoit alors, à une plus haute perfection ; ils en étoient si enchantés, qu'ils n'en par-

loient jamais fans de grandes exagera-
tions. Mais fi les autres ouvrages admi-
rables que les grands génies de ces tems-
là ont produit dans la Peinture, dans
l'Architecture, dans la Sculpture, dans
la Poëfie,&c. ne font point indignes des
loüanges qu'ils leur ont données ; pourquoi veut-on qu'ils n'ayent pas dit vrai
fur leur Mufique feule ? & croira-t'on
que tous ceux qui en ont parlé fe foient
donné le mot pour impofer fur cela à la
poftérité ?

Si ces confiderations ne fuffifent pas
pour perfuader des merveilleux effets
de la Mufique des Anciens, j'en vais
donner une preuve qui doit,à mon avis,
paroître fenfible à ceux qui jugent fans
prévention.

Outre les deux genres de Mufique
nommés Diatonique & Chromatique
qu'avoient les Anciens, & que nous
avons comme eux, ils en avoient un
troifiéme que nous ignorons abfolu-
ment, qu'ils appelloient Enharmoni-
que, dans lequel ils partageoient les
femitons en deux. Or il eft certain que
ces quarts de tons majeurs & mineurs
employés avec art, ne pouvoient pas
manquer de produire de grands effets fur
les

les cœurs & sur les esprits, & d'exciter
vivement les passions. Pour juger de
cette vérité par sa propre expérience,
qu'on fasse réfléxion à l'extrême diffé-
rence qu'il y a présentement pour le pa-
thétique entre de beaux vers bien réci-
tés, ou chantés par quelque belle voix
que ce puisse être. Qui peut donner un
si grand avantage à la déclamation sur
notre Musique ? & d'où peut-elle em-
prunter le pouvoir de remuer le cœur
à son gré, que de ces infléxions ou tons
divisés en tant de parties, qui, employés
avec art, & mêlez avec de plus grands
intervales, imitent parfaitement les differens accens que les passions font prendre naturellement à ceux qui en sont
transportés, ce que ne sçauroit faire
notre Musique, & ce qui se pratiquant
dans celle des Anciens, suffit pour en
faire voir l'excellence, & pour nous
persuader que les Auteurs qui ont parlé du pouvoir qu'elle avoit sur les passions, nous ont dit la vérité?

Qui n'a pas un cheveu. Il y a dans le
Latin, *plus pelé qu'une citroüille ; cucur-*
bita glabriorem.

Jugez quelle satisfaction je puis avoir avec
lui. L'expression de l'original, qui est un

peu trop libre, eſt adoucie en cet endroit.

*Et à mettre des fomentations ſur ſes doigts
endurcis comme des pierres.* Le texte dit,
*& duratos in lapidem digitos ejus perfricans,
fomentis olidis & pannis ſordidis, & fœti-
dis cataplaſmatis ;* En mettant ſur ſes doigts
endurcis comme des pierres, des fomentations
puantes, des emplâtres dégoûtans & de vi-
lains linges craſſeux. Je croi que les honnêtes gens me ſçauront gré de leur avoir
épargné dans ma traduction ces vilai-
nes idées qui font mal au cœur.

Si ces abominables femmes. Je me ſuis ſer-
vi de cette façon de parler, qui eſt plus
à notre uſage que de dire, *ſi ces méchantes Lamies, peſſima illæ Lamiæ,* qui eſt dans
le texte ; d'autant plus que les ſœurs de
Pſiché n'étoient pas véritablement des
Lamies, & que ce n'eſt que par forme
d'injures que Cupidon les nomme ainſi.
Les Lamies étoient, à ce qu'on croyoit,
des Sorciéres, ou plûtôt de malins Eſprits, qui ſous la figure de belles femmes, attiroient à elles par des careſſes,
de jeunes enfans pour les dévorer.

Ces perfides Sirénes. Les Sirénes étoient
filles du fleuve Acheloüs, & ſe nommoient Parthenope, Ligée & Leucoſie.

ABSQVE alis volucres, & cruribus absque puellas,
  Rostro absque & pisces, qui tamen ore canant,
Quis putat esse vllos? iungi hæc Natura negauit:
  Sirenes fieri sed potuisse docent.
Illicium est mulier quæ in piscem desinit atrum,
  plurima quòd secum monstra libido vehit.
Aspectu, verbis, animi candore trahuntur,
  Parthenope, Ligia, Leucosiáque viri.
Has Musæ explumant, has atque illudit Vlysses:
  Scilicet est doctis cum meretrice nihil.

On dit qu'elles étoient moitié femmes
& moitié poiſſons, & qu'elles habitoient
les côtes de Sicile, où par la mélodie de
leurs chants elles attiroient les voyageurs dans des rochers[17] pour les faire
périr & les dévorer. D'autres diſent
qu'elles étoient moitié femmes & moitié oiſeaux, que l'une chantoit, l'autre
joüoit de la flûte, & la troiſiéme de la
lyre, & qu'elles habitoient ſur les côtes
d'Italie. Ce nom de Sirénes en Phénicien
ſignifie des Chanteuſes. Il ſe peut faire
qu'il y ait eu en quelqu'endroit ſur ces
côtes maritimes des Chanteuſes excel-
lentes qui débauchoient les voyageurs,
& que c'eſt ce qui a donné lieu à cette
fable.

Après qu'il lui eût fait de nouvelles pro-
teſtations de tendreſſe. Le texte dit quelque choſe de plus.

Par hazard le Dieu Pan. Pan étoit adoré chez les Egyptiens ſous la figure d'un
Bouc, long-tems avant que les Grecs le
connuſſent ; ces derniers le firent fils de
Mercure & de Pénélope. Il étoit le Dieu
des Paſteurs ; on le conſideroit auſſi comme le Dieu de la Nature, ce que ſon nom
ſembloit marquer ; car *Pan* en Grec ſignifie *tout,* & l'on prétend que toute ſa
F f ij

figure exprimoit les principales choſes qui compoſent l'Univers, comme ſes cornes, ſes pieds de chévre, ſon bâton, & tout le reſte de ſa figure & de ſon équipage, tout cela avoit ſon application, juſqu'à ſa compléxion amoureuſe, & l'ardeur avec laquel il pourſuivoit les Nymphes, qui marquoit, dit-on, le déſir de la génération répandu dans tous les êtres de l'Univers. Les Anciens croyoient que Pan couroit la nuit par les forêts & les montagnes, & qu'il apparoiſſoit quelquefois aux Laboureurs, & leur cauſoit de ſi grandes frayeurs, que pluſieurs en mouroient, d'où eſt venu le mot de *terreur Panique.*

Je romps pour jamais les liens qui vous uniſ-ſoient à moi. Il y a dans le Latin, *Retirez-vous & emportez ce qui vous appartient.* Ce ſont les termes dont les maris ſe ſervoient en faiſant divorce avec leurs femmes. J'ai crû qu'il valoit mieux exprimer cet endroit comme j'ai fait, d'autant plus que Pſiché n'avoit apporté en mariage que de la jeuneſſe & de la beauté.

Un de ſes oiſeaux blancs. Le texte dit : *per-alba illa Gavia.* Je n'ai point exprimé le nom de cet oiſeau *gavia,* qu'on explique en François *moüette,* parce que

17

PANA colunt gentes (naturam hoc dicere rerum est)
  Semicaprumꝗ hominem, semiuirumꝗ Deum.
Est vir pube tenus, quod nobis insita virtus
  Corde oriens, celsa verticis arce sedet.
Hinc caper est, quia nos natura in saecla propagat
  Concubitu, vt volucres, squamea, bruta, feras.
Quod commune aliis animantibus, est caper index
  Luxuriae, Veneris signaꝗ aperta gerit.
Cordi alij sophian; alij tribuere cerebro:
  Inferiora modus, nec ratio vlla tenet.

cet oiseau n'est guére connu, outre que
cela est peu important.

Est-ce une Nymphe. Il y en avoit de
plusieurs sortes; de célestes, de terrestres,
des Nymphes des fleuves, des étangs,
de la mer, qu'on appelloit Nereïdes ;
celles des fontaines se nommoient
Nayades, celles des montagnes Oreades,
celles des forêts Dryades & Hamadrya-
des, & celles des vallées Napées.

Une des Heures. Les Heures étoient
selon Orphée & Apollodore, filles de
Jupiter & de Thémis ; leur fonction
étoit de diviser la journée, ce qui a fait
dire à Platon dans le *Cratyle,* que leur
nom venoit du verbe *orizein,* qui signifie *terminer, borner.* Ovide les met à la
garde des portes du Ciel avec Janus l. 1.
des Fastes ; & dans le 5. des mêmes Fastes, il les donne pour compagnes à Flore avec laquelle il les fait cueillir des
fleurs, ce qui revient assez à ce que dit
Apulée au l. 6. *que les Heures semoient
des fleurs de tous côtés.* Macrobe veut que
le nom d'*Heure* vient de *Horus,* qui
étoit un des noms du Soleil.

Une des Muses. Elles étoient filles de
Jupiter & de Mnemosyne, ce nom veut
dire mémoire.

F f iij

Ou une des Graces de ma suite. J'en ai parlé dans les Remarques du second Livre.

Tout cela vient de moi, & non pas de votre pere. Les Auteurs ne conviennent point du pere de Cupidon ; la plûpart le font cependant fils de Mars & de Venus, ou de Vulcain & de Venus. Ovide & Plutarque veulent qu'il y ait deux Cupidons, l'un céleste qui est l'Amour Pur, & l'autre terrestre, qui est l'Amour Sensuel ; le premier né de Venus & de Jupiter, & le second de l'Erébe & de la Nuit. Il paroît ici qu'Apulée fait Cupidon fils de Venus & de Vulcain, puisqu'un peu plus bas il appelle Mars son beau-pere.

Irai-je demander du secours à la Sobriété, qui est ma plus mortelle ennemie ? On sçait assez le proverbe, *sine Cerere & Baccho friget Venus,* & que sans la bonne chere l'Amour languit.

Qu'elle vuide son carquois, détende son arc, &c. Cette allégorie est fort jolie & fort juste ; car il est vrai que la Sobriété seule peut éteindre le flambeau de l'Amour & briser ses traits, c'est-à-dire, détruire l'ardeur & les mouvemens de la concupiscence.

15

L'ANE D'OR
D'APULÉE,
PHILOSOPHE PLATONICIEN.

LIVRE SIXIE'ME.

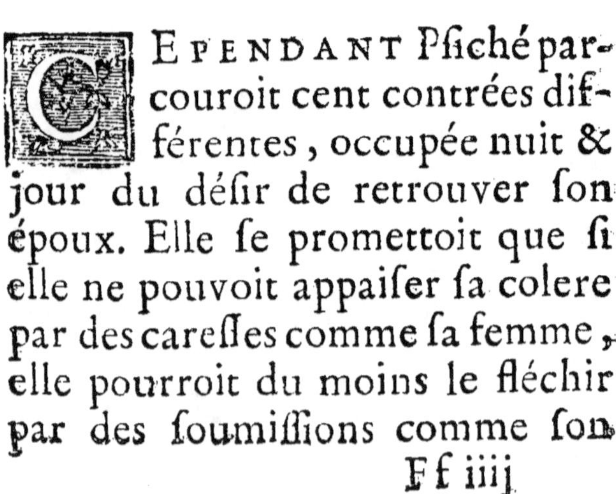

EPENDANT Psiché par-
couroit cent contrées différentes, occupée nuit &
jour du désir de retrouver son
époux. Elle se promettoit que si
elle ne pouvoit appaiser sa colere
par des caresses comme sa femme,
elle pourroit du moins le fléchir
par des soumissions comme son

F f iiij

esclave. Elle apperçût un temple sur le haut d'une montagne : Peut-être, dit-elle, que le Dieu mon maître habite en ce lieu-là : aussi-tôt elle y tourne ses pas, & y monte fort vîte, malgré sa lassitude, l'esperance & l'amour lui donnant de nouvelles forces. Elle n'est pas plûtôt au haut de la montagne, qu'elle entre dans le temple ; elle y trouve des épis de froment en un monceau, d'autres dont on avoit fait des couronnes ; elle voit aussi des épis d'orge, des faulx & tous les instrumens dont on se sert à faire la moisson, épars de côté & d'autre confusément, comme les Moissonneurs les jettent ordinairement quand ils reviennent las & fatigués du travail. Psiché se met à ranger toutes ces choses avec grand soin , croyant qu'elle ne devoit négliger le culte d'aucun Dieu, & qu'il falloit qu'elle cher-

Suiuant Psiché de son amy la trace
Trouue Ceres, S'humilie & met poine,
D'Ordonner faulx, rateaulx, orge, & aueine
Qu'elle aportoit en desordre en la place:
Voyant son mal Indigne de sa face
Dame Ceres l'eust volontiers receuë
Mais par faueur de venus, qui efface
Tout iugement, fut Charité vaincuë. XIX

chât les moyens de se les rendre
tous favorables.

Pendant qu'elle étoit dans cette
occupation, Cérés l'apperçût &
lui cria de loin : Ah ! malheureuse
Psiché, ne sçais-tu pas que Venus
en fureur te cherche par tout le
monde, & qu'elle a résolu d'em-
ployer tout son pouvoir pour te
faire périr & se venger ; cependant tu t'occupes ici du soin de
mon temple, & tu songes à toute
autre chose qu'à mettre ta vie en
sureté. Alors Psiché se prosterne
par terre, baigne les pieds de la
Déesse de ses larmes, & les essuyant
avec ses cheveux, implore son
assistance par les prieres les plus
touchantes. Ayez pitié d'une «
malheureuse, lui dit-elle, je «
vous en conjure par cette main «
liberale qui répand l'abon- «
dance des bleds sur la terre, «
par les fêtes & les réjoüissances «
que les Moissonneurs font en «

» votre honneur, par les facri-
» fices myfterieux qu'on célébre
» pour vous, par la fertilité de
» la Sicile, par votre char attelé
» de Dragons aîlés, par celui
» qui fervit à l'enlevement de
» Proferpine votre fille, par la
» terre qui s'ouvrit pour la ca-
» cher, par les ténébres où fon
» mariage fut célébré, par fa
» demeure dans les enfers & fes
» retours fur la terre. Je vous
» conjure enfin par tout ce que
» le temple d'Eleufis qui vous eft
» confacré, dérobe aux yeux des
» profanes, laiffez-vous toucher
» de compaffion pour la malheu-
» reufe Pfiché qui eft à vos pieds.
» Souffrez que je puiffe refter ca-
» chée pour quelques jours fous
» ces épis de bled, jufqu'à ce que
» la colere d'une Déeffe auffi
» puiffante que Venus, foit cal-
» mée; où du moins pendant ce
» tems-là je reprendrai un peu

de forces, après tant de peines «
& de fatigues que j'ai essuyées. «

Vos larmes & vos prieres me «
touchent, lui dit Cérés, je vou- «
drois vous secourir, mais il n'y a «
pas moyen que je me broüille »
avec Venus, qui est ma parente, «
avec qui je suis liée d'amitié de- «
puis long-tems, & qui d'ailleurs «
est une Déesse aimable & bien- «
faisante. Ainsi sortez d'ici, & «
croyez que je vous fais grace de «
vous laisser aller, & de ne vous «
pas faire arrêter. «

Psiché voyant ses vœux rejet-
tés contre son esperance, sortit
le cœur pénétré d'un surcroît de
douleur, & retournant sur ses
pas, elle apperçût au bas de la
montagne, dans le milieu d'un bois
épais, un temple d'une structure
merveilleuse. Comme elle ne vouloit négliger aucun moyen, quelqu'incertain qu'il pût être, de se
tirer de l'état malheureux où elle

étoit, & qu'elle avoit deſſein d'im-
plorer le ſecours de toutes les Divinités , elle s'approcha de ce
temple ; elle vit de tous côtés de
riches préſens & des robes bro-
dées d'or qui pandoient aux branches des arbres & à la porte du
temple , où le nom de la Déeſſe
étoit écrit , & les bienfaits qu'en
avoient reçûs ceux de qui venoient ces offrandes. Pſiché ſe mit
à genoux, & ayant embraſſé l'autel où il paroiſſoit qu'on avoit ſa-
crifié depuis peu , elle eſſuya ſes
larmès , & fit cette priere.

» Sœur & femme du grand
» Jupiter, ſoit que vous vous te-
» niez dans les anciens temples
» de Samos , qui fait gloire de
» vous avoir vû naître & de vous
» avoir élevée , ſoit que vous ha-
» bitiez l'heureux ſéjour de Car-
» tage, où l'on vous adore ſous
» la figure d'une fille qui monte
» au Ciel ſur un Lion , ſoit enfin

Deuant Juno qui en son temple estoit
Remply de vœux & de mainte despouille,
Psiché mercy demandant s'agenouille,
Contant le mal que par Amour sentoit.
De son trauail Juno se contristoit,
Et eust change en ioye sa tristesse :
Mais pour l'honneur qu'elle à Venus portoit,
La Fist sortir du temple sans rudesse. XIX.

que vous vous trouviez dans la «
fameufe ville d'Argos qu'arrofe «
le fleuve Inachus, où l'on vous «
appelle la femme du Dieu qui «
lance le tonnere, & la Reine «
des Déeffes, vous qu'on honore «
dans tout l'Orient, fous le nom «
de Zygia, & fous celui de Lu- «
cine dans l'Occident, Junon «
fecourable, ne m'abandonnez «
pas, je vous en conjure dans «
l'état déplorable où je fuis ré- «
duite ; délivrez-moi du péril «
affreux dont je fuis menacée, «
après avoir fouffert tant de pei- «
nes ; je l'efpere d'autant plus, «
que je fçai que vous avez cou- «
tume d'être favorable aux fem- «
mes enceintes qui ont befoin de «
votre fecours. «

A cette humble priere Junon
parût avec tout l'éclat & la ma-
jefté qui l'environne. Je fouhai- «
terois, dit-elle à Pfiché, pouvoir «
vous exaucer; mais la bienféance «

» ne me permet pas de vous proté-
» ger contre Venus, qui eſt ma bru
» & que j'ai toujours aimée com-
» me ma propre fille. D'ailleurs la
» loi qui défend de recevoir les eſ-
» claves fugitifs, malgré leurs maî-
» tres, ſuffit pour m'en empêcher.

Pſiché accablée de ce dernier coup, perd toute eſperance de pouvoir mettre ſes jours en ſû- reté ; elle ne voit aucun moyen de retrouver ſon époux ; & réflé- chiſſant ſur la cruauté de ſa deſti- née : Quel remede, diſoit - elle, puis-je trouver à mes malheurs, puiſque la bonne volonté que les Déeſſes mêmes ont pour moi, m'eſt abſolument inutile ? où pourrai-je aller pour éviter les piéges qui me ſont tendus de tous côtés ? dans quelle maiſon ferai-je en ſûreté ? quelles téné- bres pourront me dérober aux yeux d'une Déeſſe auſſi puiſſante que Venus ? Infortunée Pſiché,

que ne t'armes-tu d'une bonne
réfolution, que ne renonces-tu
au frivole efpoir de pouvoir te
cacher, & que ne vas-tu te re-
mettre entre les mains de ta
maîtreffe, & tâcher d'appaifer
fa colere par ta foumiffion & tes
refpect? Que fçais-tu fi celui que
tu cherches depuis fi long-tems
n'eft pas chez fa mere? Ainfi Pfiché déterminée à fe préfenter à
Venus, quoiqu'il pût lui en arriver de funefte, commença à fonger en elle-même de quelle maniere elle lui parleroit pour tâcher
de la fléchir.

Cependant Venus laffe de la
recherche inutile qu'elle faifoit
de Pfiché fur la terre, réfolut de
chercher du fecours dans le ciel,
Elle ordonne qu'on lui prépare
un chariot d'or, dont Vulcain
lui avoit fait préfent avant que
d'être fon époux. Ce Dieu l'avoit
travaillé avec tout l'art dont il

étoit capable, & la perte de l'or
que la lime en avoit ôté, ne l'avoit
rendu que plus précieux par l'excellence & la beauté de l'ouvrage.
Parmi un grand nombre de colombes qui étoient autour de l'appartement de la Déesse, on en
choisit quatre blanches, dont le
cou paroissoit de différentes couleurs, & l'on les attelle à ce char,
en passant leurs têtes dans un joug
tout brillant de pierreries. Venus
n'y fut pas plûtôt montée, que
ces coursiers aîlés partent & percent les airs. Quantité de Moi-
neaux, & d'autre petits oiseaux
volent autour du char, & annon-
cent par tout l'arrivée de la
Déesse par leurs ramages & leurs
chants mélodieux, sans rien craindre des Aigles, ni des autres oiseaux de proye. Les nuages s'écar-
tent, le ciel s'ouvre, & reçoit sa
fille avec joye.

1 Venus va trouver Jupiter dans
son

son Palais, & d'un air impérieux
lui demande Mercure, dont elle
avoit besoin pour publier ce
qu'elle vouloit faire sçavoir. Jupiter le lui accorde ; & cette
Déesse fort contente, descend du
ciel avec lui, & lui parla ainsi.
Vous sçavez, mon frere, que je «
n'ai jamais rien fait sans vous le «
communiquer, & vous n'igno- «
rez pas aussi, je crois, qu'il y a «
fort long-tems que je cherche «
une de mes esclaves sans la pou- «
voir trouver. Je n'ai point d'au- «
tre ressource pour en venir à «
bout, que de faire publier par «
tout que je donnerai une ré- «
compense à celui qui m'en ap- «
prendra des nouvelles. Je vous «
prie de vous charger de ce soin, «
sans y perdre un moment, & «
de la désigner de maniere «
qu'elle soit aisée à reconnoître, «
afin que ceux qui se trouveront «
coupables de l'avoir recelée, «

» ne puiſſent s'excuſer ſur leur
» ignorance. En diſant cela elle
donne à Mercure un écrit qui
contenoit le nom de Pſiché & les
ſignes qui pouvoient la faire connoître, & s'en retourne dans ſon
Palais.

Mercure execute auſſi-tôt ſa
commiſſion ; il va chez toutes les
nations de la terre, & publie cet
avis en tous lieux : *Si quelqu'un
ſçait des nouvelles de la fille d'un
Roi nommée Pſiché, à préſent eſclave
de Venus & fugitive, qu'il puiſſe
l'arrêter, ou découvrir le lieu où elle
eſt cachée, il n'a qu'à venir trouver
Mercure, chargé de la publication de
cet avis derriere les Piramides Murtiennes ; & pour ſes peines il recevra
ſept baiſers de Venus, & un autre
aſſaiſonné de tout ce qu'un baiſer peut
avoir de plus doux.* Mercure n'eût
pas plûtôt fait cette proclama-
tion que tous les hommes ani-
mez par l'eſpoir d'une récompenſe

Venus au Ciel par Colombes portée
De Jupiter impetre Son Mercure,
Qui deust bannir Psiché desconfortée
Par vn cartel plain de telle Escriture:
Nous bannissons Psiché pour Forfaiture
De tous les lieux ou le Soleil passera,
Et ce pendant sept baisers par droiture
Venus Promet à quj L'Enseignera. XXII

22

ſi agréable, ſe mirent à chercher les moyens de la mériter, & c'eſt ce qui acheva de déterminer Pſiché à ne pas perdre un moment à s'aller livrer elle-même. »

Comme elle approcho't du Palais de Venus, une des ſuivantes de cette Déeſſe nommée l'Habitude, vint au-devant d'elle, & lui cria de toute ſa force : « Enfin, eſclave perfide, vous commen- cez à connoître que vous avez une maîtreſſe, n'aurez-vous pas encore l'impudence de faire ſemblant d'ignorer toutes les peines que nous nous ſommes données à vous chercher ? mais vous ne pouviez mieux tomber qu'entre mes mains, & vous n'é- chaperez pas au châtiment que vous méritez. » En achevant ces mots elle la prend aux cheveux & la traîne cruellement, quoique Pſiché ne fit aucune réſiſtance.

Si-tôt que Venus la vit, elle

secoüa la tête, & avec un ris moqueur, à la maniere de ceux qui
font tranfportés d'une violente
colere: «Enfin, dit-elle, vous dai-
» gnez venir faluer votre belle-
» mere, ou peut-être êtes-vous
» venuë rendre vifite à votre mari
» qui eft dangereufement malade
» de la bleffure que vous lui avez
» faite ; mais ne vous embaraffez
» de rien, je vais vous traiter en
» vraye belle-mere. Où font, con-
» tinua-t'elle, deux de mes fui-
» vantes, l'Inquiétude & la Trif-
» teffe?» Elles parurent dans le moment, & Venus leur livra Pfiché
pour la tourmenter. Elles execute-
rent fes ordres ; & après l'avoir
chargée de coups, & lui avoir fait
fouffrir tout ce qu'elles purent
imaginer de plus cruel, elles la
lui ramenerent. Venus fe mit à
rire une feconde fois en la voyant.
» Elle penfe, dit-elle que fa grof-
» feffe excitera ma compaffion, &

Ayant Psiché par mont & par vallée
Quis son amy, en fin s'en est allée
Vers le pallays de Venus triomphant,
Estmant bien y trouuer son enfant:
Mais las? au lieu d'y auoir reconfort,
Moquée fut, & fessée bien fort
De par Venus, qui de dueil se gratoit
Dequoy assez chacun ne la batoit. XXI.

que je l'épargnerai en faveur du «
digne fruit dont je dois être la «
grand'mere. Ne ferai-je pas fort «
heureuse d'être ayeule à la fleur «
de mon âge, & que l'enfant «
d'une vile esclave soit appellé le «
petit-fils de Venus ; mais que «
dis-je, cet enfant ne me fera rien, «
les conditions sont trop inéga- «
les : de plus, un mariage fait «
dans une maison de campagne, «
sans témoin & sans le consente- «
ment des parens, ne peut ja- «
mais rien valoir ; ainsi ce ne «
pourroit être qu'un enfant illé- «
gitime, quand même jusqu'à «
sa naissance je laisserois vivre la «
mere »

En achevant ces mots, elle se
jette sur elle, lui déchire sa robe
en plusieurs, endroits, lui arrache,
les cheveux, & lui meurtrit le visage de plusieurs coups. Prenant
ensuite du blé, de l'orge, du mil-
let, de la graine de pavot, des

pois, des lentilles & des féves, &
les ayant bien mêlés ensemble &
mis en un monceau : « Tu me pa-
» rois si déplaisante & si laide,
» dit-elle à Psiché, que tu ne peux
» jamais te faire aimer que par des
» services, & des soins empressés.
» Je veux donc éprouver ce que
» tu sçais faire ; sépare-moi tous
» ces grains qui sont ensemble,
» & mets-en chaque espece à part;
» mais que je voye cela fait avant
» la nuit. » Après avoir donné cet
ordre, elle s'en alla à un festin de
nôces, où elle avoit été invitée.

La pauvre Psiché toute cons-
ternée d'un commandement si
cruel, reste immobile devant cet
affreux tas de grains différens, &
croit qu'il est inutile de mettre la
main à un ouvrage qui lui paroît
impossible. Heureusement une
Fourmi se trouva là, qui ayant
pitié de l'état où étoit réduite
la femme d'un grand Dieu, &

Venus despite apres luy fist bailler
Vn grand monceau de diuers grains meslez,
luy commandant de tost les demesler,
Et mettre aux lieux pour eux apareillez,
Or sont venuz les Fromiz esueillez
Pour acheuer ceste tasche baillée: XXII
Ce quilz ont fait & puis s'en sont allez,
Dont trop en est Venus esmerueillée.

déteſtant la cruauté de Venus,
alla vîte appeller toutes les Fourmis des environs. Laborieuſes filles
de la terre, leur dit-elle, ayez
compaſſion d'une belle perſonne,
qui eſt l'épouſe du Dieu de l'A-
mour, hâtez-vous & venez la ſecourir, elle eſt dans un preſſant
danger. Auſſi-tôt les Fourmis accourent de toutes parts, & l'on
en voit une quantité prodigieuſe
qui travaillent à ſéparer tous ces
grains différens, & après avoir
mis chaque eſpece en un monceau
à part, elles ſe retirent promptement. Au commencement de la
nuit Venus revient du feſtin abreu-
vée de nectar, parfumée d'eſſences
précieuſes, & parée de quantité de
roſes. Ayant vû avec quelle diligence on étoit venu à bout d'un
travail auſſi ſurprenant qu'étoit
celui-là: Maudite créature, dit-elle
à Pſiché, ce n'eſt pas là l'ouvrage
de tes mains, mais bien plûtôt de

celui à qui, pour ton malheur &
pour le fien, tu n'as que trop fçû
plaire : & lui ayant fait jetter un
morceau de gros pain, elle alla fe
coucher.

Cependant Cupidon étoit étroi-
tement gardé dans une chambre,
au milieu du palais de fa mere, de
peur que s'il venoit à fortir, il ne
vint retrouver fa chere Pfiché, &
n'aigrît fon mal parquelque excès.
Ces deux amans ainfi féparés fous
un même toît, pafferent une cruelle nuit ; mais fi-tôt que l'Aurore
parut, Venus fit appeller Pfiché, &
lui donna cet ordre : Vois-tu, lui
dit-elle, ce bois qui s'étend le long
des bords de cette riviere, & cette
fontaine qui fort du pied de ce rocher ; tu trouveras là des moutons
qui ne font gardés de perfonne,
leur laine eft brillante & de couleur d'or, & je veux, à quelque
prix que ce foit, que tu m'en apporte tout préfentement.

Pfiché

Pour ces labeurs Venus non moderée,
Luy monstre vn bois, ou paissent grand foyson
De grands moutons à la laine dorée,
Luy commandant auoir de leur toyson.
Vn verd Roseau luy dit l'ordre & raison
D'en recouurer. O incroyable chose?
Les fiers tropeaux dorment quelque saison,
Mais de Venus l'ire point ne repose.   XXIII

Psiché s'y en alla sans répugnance, moins pour exécuter les
ordres de la Déesse, que dans le
dessein de finir ses malheurs en
se précipitant dans le fleuve ; mais
elle entendit un agréable mur-
mure que formoit un Roseau du
rivage, agité par l'haleine d'un
doux Zéphir, qui lui parla ainsi.
Quelques malheurs dont vous
soyez accablée, Psiché, gardez-
vous bien de soüiller la pureté de
mes eaux par votre mort, & encore plus d'approcher de ces redoutables moutons pendant la
grande ardeur du Soleil, alors
ils sont furieux & très-dange-
reux par leurs cornes & leurs
dents envenimées, dont les blessures sont mortelles : mais vous
pouvez vous cacher sous ce grand
arbre, que ce fleuve arrose aussi-
bien que moi, & quand la grande
chaleur du jour sera passée, &
que ces bêtes moins irritées se

Tome I.　　　　　　Hh

repoferont au frais le long de ces
eaux, alors vous entrerez dans
ce prochain bocage, où vous trouverez beaucoup de cette laine
précieufe que vous cherchez, que
ces animaux y ont laiffée en paf-
fant contre les buiffons. Pfiché
profita de l'avis du Rofeau, qui
s'intereffoit à fa confervation, &
s'en trouva fort bien ; car ayant
fait exactement ce qu'il lui avoit
prefcrit, elle prit facilement &
fans danger beaucoup de cette
laine dorée, & la porta à Venus.

Quelque périlleufe qu'eût été
cette feconde commiffion dont
elle venoit de s'acquitter, Venus
n'en fut pas plus appaifée qu'elle
l'avoit été de la premiere ; &
fronçant le fourcil avec un fouris
qui marquoit fon dépit : Je n'i-
gnore pas, lui dit-elle, qui eft
le perfide qui t'a donné les moyens
de venir à bout de ce que je t'avois
ordonné ; mais je veux encore

éprouver ton courage & ta prudence. Vois-tu bien, continua-t'elle, ce rocher escarpé qui est au haut de cette montagne, c'est là qu'est la source des fleuves infernaux ; de là sortent ces eaux noirâtre, qui se précipitant avec un bruit terrible dans la valée voisine, arrosent les marais du Stix, & grossissent le fleuve de Cocyte. Va tout présentement puiser de ces eaux dans leur source, & m'en apporte dans ce Vaisseau. En même-tems elle lui donna un vase de cristal fort bien travaillé, & la menace des plus cruels supplicet si elle ne s'acquitte bien de sa commission.

Psiché y va avec empressement, & monte sur le haut de la montagne, dans l'esperance d'y trouver au moins la fin de sa déplorable vie. Si-tôt qu'elle y fut, elle vit l'impossibilité d'exécuter les ordres de la Déesse. Un rocher pro-

digieux par fa grandeur & inac-
ceffible par fes précipices, vomit
ces affreufes eaux, qui tombant
dans un vafte goufre,& fuivant enfuite le penchant de la montagne,
fe perdent dans le fentier profond
d'un canal refferré, & fans être
vûës, font conduites dans la valée
prochaine. De deux cavernes qui
font à droit & à gauche de cette
fource, deux effroyables dragons
s'avancent & allongent la tête;
le fommeil n'a jamais fermé leurs
yeux, & ils font en ce lieu une
garde perpétuelle; de plus, ces
eaux femblent fe défendre elles-
mêmes, & par leur mouvement
rapide, articuler ces mots : Reti-
re-toi, que fais-tu? prens garde à
toi, fuis, tu vas périr.

Tant de difficultés infurmonta-
bles abbatirent tellement l'efprit
de Pfiché, qu'elle refta immobile,
comme fi elle eût été changée
en pierre. Elle étoit faifie d'une

2 ;

ſi grande douleur, qu'elle n'avoit
pas même la force de verſer des
larmes pour ſe ſoulager ; mais la
Providence jetta les yeux ſur
cette infortunée qui ſouffroit in-
juſtement. L'Aigle, cet oiſeau
du Souverain des Dieux, ſe reſſou-
venant du ſervice que l'Amour
avoit rendu à Jupiter, dans l'enlevement de Ganiméde, & reſ-
pectant ce jeune Dieu dans Pſiché
ſon épouſe, deſcendit du haut
des cieux, & vint auprès d'elle.
Vous êtes, lui dit-il, bien crédule, & vous avez bien peu d'expérience des choſes du monde,
ſi vous eſperez dérober une ſeule
goute de l'eau de cette fontaine,
non moins terrible que reſpecta-
ble, & ſi vous croyez même en
approcher. N'avez-vous jamais
oüi dire combien ces eaux ſont
redoutables, & que les Dieux
jurent par le Stix, comme les
mortels jurent par les Dieux.

H h iij

Mais donnez-moi ce vafe. Et
en même-tems cet oifeau le prenant des mains de Pfiché, vole
vers cette fontaine, & volti-
geant tantôt d'un côté, tantôt
de l'autre entre les têtes des dragons, il puife de ces eaux malgré
la répugnance qu'elles témoi-
gnent, & les avertiffemens qu'elles
lui donnent de fe retirer ; mais
l'Aigle fuppofa qu'il en venoit
chercher par l'ordre exprès de
Venus, & que c'étoit pour elle ;
ce qui lui en rendit l'abord un
peu plus aifé. Il revint, & rendit
le vafe plein à Pfiché, qui s'en
alla bien joyeufe le préfenter vîte
à Venus.

Cela ne fut point capable de dé-
farmer la colere de cette Déeffe.
Avec un fouris plein d'aigreur,
elle menaça Pfiché de l'expofer
à des peines nouvelles & plus
cruelles. Il faut, lui dit-elle, que
tu fois quelqu'habile Magicienne,

A peine estoit Psiché bien retournée
Du long trauail de l'heureuse rapine,
Qu'elle a trouué vne boiste ordonnée,
Que sa maistresse enuoye à proserpine,
Pour raporter de sa beauté diuine :
Ce que Psiché n'esperant pouuoir faire
De se lancer d'vne tour determine : XXIIII.
Mais la tour parle & dresse son affaire.

pour avoir ainſi exécuté les ordres que je t'ai donnés. Mais
ce n'eſt pas tout ; il faut, ma belle
enfant, que vous me rendiez encore quelques petits ſervices: Prenez cette boëte, & vous en allez
dans les enfers la préſenter à Pro-
ſerpine. Dites-lui : Venus vous
prie de lui envoyer un peu de
votre beauté, ſeulement autant
qu'il lui en faut pour un jour,
parce qu'elle a uſé toute la ſienne
pendant la maladie de ſon fils ;
mais ſur tout revenez vîte, ajouta-
t'elle, j'en ai beſoin pour me trouver à une aſſemblée des Dieux.

Pſiché connut alors tout ce
que ſa deſtinée avoit d'affreux.
Elle vit bien qu'on en vouloit
ouvertement à ſa vie. Que pou-
voit-elle penſer autre choſe, puiſqu'on l'envoyoit dans le ſéjour
des morts. Sans différer davantage, elle s'achemine vers une
tour fort élevée ; elle y monte

dans le deſſein de ſe précipiter du haut en bas. Elle croyoit que c'étoit là le moyen le plus ſûr & le plus aiſé pour deſcendre dans les enfers. Mais la tour commença à parler : Pourquoi, malheureuſe Pſiché, lui dit-elle, voulez-vous finir vos jours de cette maniere ? pourquoi ſuccombez-vous ſi faci-lement ſous le dernier péril où Venus doit vous expoſer. Si votre ame eſt une fois ſéparée de votre corps, certainement vous irez aux enfers, mais vous n'en reviendrez jamais ; ainſi écoutez mes avis. Aſſez proche de la fameuſe ville de Lacédémone, qui n'eſt pas loin d'ici, cherchez dans des lieux détournez & à l'écart, vous y trouverez le Ténare ; c'eſt un ſou-pirail des enfers, & une de ſes portes, où vous verrez un chemin impratiqué, qui vous conduira droit au Palais de Pluton ; mais gardez-vous bien d'aller les mains vuides dans ces lieux ténébreux, il faut que vous ayez dans chaque main un gâteau de farine d'orge pétri avec du miel, & deux piéces de monnoye dans votre bouche.

Quand vous ferez environ à moitié chemin, vous trouverez un âne boiteux, chargé de bois, conduit par un ânier qui fera boiteux auffi ; il vous priera de lui ramaffer quelques petits bâtons, qui feront tombés de la charge de fon âne, paffez fans lui répondre un feul mot. Vous arriverez enfuite au fleuve des Morts, où vous verrez Caron qui attend qu'on le paye, pour embarquer les paffagers dans fon méchant petit bateau, & les rendre à l'autre rive. Faut-il donc que l'avarice regne auffi parmi les morts ? que Pluton lui-même, quelque grand Dieu qu'il foit, ne faffe rien pour rien, & que fi un pauvre mourant n'a pas dequoi payer

fon paſſage ; il ne lui ſoit pas permis de mourir ; donnez donc à
cet avare nautonnier une des
piéces de monnoye que vous aurez apportées, de maniere cependant qu'il la prenne lui-même de
votre bouche. Traverſant enſuite ces triſtes eaux, vous y verrez nager le Spectre hideux d'un
vieillard, qui vous tendant les
mains, vous priera de lui aider
à monter dans le bateau ; n'en
faites rien, & ne vous laiſſez pas
toucher d'une pitié qui vous ſeroit
funeſte.

Lorſque vous ſerez arrivée à
l'autre bord du fleuve, vous n'aurez pas beaucoup marché, que
vous trouverez de vieilles femmes
occupées à faire de la toile, qui
vous prieront de leur aider un
moment, il ne faut pas ſeulement que vous touchiez à leur
ouvrage. Ce ſont autant de piéges que Venus vous tendra pour

Psiché croyant la veritable tour
Deux pains ensemble, & deux deniers apreste
Pour contenter d'aller & de retour
Le vieil Charon, & le chien deshonneste.
Et ne voulut acorder la requeste
D'vn importun errant & solitaire
De soulager vne chargée beste,   XXV.
Se contentant de voir & de se taire.

vous faire tomber des mains au
moins un des gâteau que vous
devez porter avec vous, & ne
croyez pas que ce fût une perte
légere ; car si vous en laissez écha-
per un, vous ne reverrez jamais
la lumiere. Vous trouverez devant le Palais de Proserpine un
chien d'une grandeur énorme,
qui a trois têtes, dont il aboye
d'une maniere effrayante, & qui
ne pouvant faire de mal aux
morts, tâche de les épouvanter
par ses hurlemens. Il garde continuellement l'entrée de ce Palais ; si vous lui jettez un de vos
gâteaux, vous passerez devant lui
sans peine, & vous arriverez à
l'appartement de Proserpine, qui
vous recevra avec bonté, & vous
invitera de vous asseoir, & de
vous mettre avec elle à une table
magnifiquement servie ; mais gardez-vous bien d'en rien faire ;
asseyez-vous à terre, & demandez

du pain noir que vous mangerez.
Enfuite ayant dit à Proferpine
le fujet qui vous améne, recevez
ce qu'elle vous donnera, & retournant fur vos pas, fauvez-vous
de la fureur du chien, en lui jettant le gâteau qui vous reftera ;
donnez enfuite à Caron votre autre piéce de monnoye, & ayant
repaffé le fleuve, reprenez le
même chemin par où vous aurez
été, & vous reverrez la lumiere
des cieux. Mais fur toutes chofes,
je vous avertis de vous bien garder d'ouvrir cette boëte que vous
rapporterez, de ne pas fuccom-
ber à la curiofité de voir ce tréfor
de beauté divine qu'elle renferme.
C'eft ainfi que cette tour s'acqui-
ta de la commiffion qu'elle avoit
d'apprendre à Pfiché ce qu'elle
devoit faire.

Auffi-tôt Pfiché s'en alla vers
le Tenare, & ayant fait provifion
de deux gâteaux & de deux piéces

Estant Psiché aux voyes infernales
Aucun esprit ne la peut arrester,
Non mesmement les trois filles fatales
Voulants au long son sort interpreter:
Mais bien prudente elle voulut traiter
Le gras matin Cerberus d'vn potaige,
Puys s'en alla. Ne fut elle pas saige?
Il luy falloit en autre lieu troter.   XXVI.

Ayant passé l'ineuitable porte,
Dont le retour à nul homme est permis,
Deuers la Royne au palays se transporte,
Où fait & dit ce qu'on luy à commis:
Pres de la Royne vn siege luy fut mis
En luy offrant & repas & viande: XXVII.
Mais rien n'en prend ne offert ne promis,
Fors que la boiste ainsi qu'elle demande.

d'argent, elle prend la route des enfers; elle passe devant l'ânier boiteux sans lui dire un mot, elle paye Caron d'une de ses piéces pour son passage, elle méprise l'instance que lui fait le vieillard qui nageoit sur le fleuve, elle résiste aux prieres trompeuses des vieilles qui faisoient de la toile; & après avoir appaisé la rage de Cerbére, en lui jettant un de ses gâteaux, elle entre dans le Palais de Proserpine; où après avoir refusé constamment de s'asseoir & de se mettre à table avec cette Déesse, elle s'assied humblement à ses pieds, & se contente de gros pain. Elle lui apprend ensuite pour quel sujet Venus l'avoit envoyée. Proserpine remplit la boëte, la referme & la lui remet entre les mains; & Psiché ayant donné son autre gâteau à Cerbére, & sa derniere piéce de monnoye à Caron, revient au monde avec joye. Si-tôt qu'elle eût revû la lumiere de ce monde, par une curiosité indiscrete, elle sentit rallentir son empressement d'aller chez Venus. Ne serois-je pas bien simple, dit-elle en elle-même, si ayant entre mes mains la beauté des Déesses, je n'en prenois pas un peu pour moi-même, afin de regagner par là le cœur de mon cher amant. En même-tems elle ouvre la boëte ; mais au lieu de la beauté qu'elle y croyoit trouver, il en sort une vapeur noire, une exhalaison infernale qui l'environne, & dans l'instant un si profond sommeil s'empare de tous ses sens, qu'elle tombe sans mouvement, & comme un corps privé de vie.

Mais l'Amour, dont la blessure étoit assez bien guérie, ne pouvant supporter plus long-tems l'absence de sa Psiché, s'envole par une fenêtre de la chambre,

I. Grät. exc
PENE SIMVL PERIIT PSYCHE, DVM PERDIT AMOREM;
DONAQZ SVSCEPIT, QVIBVS OMNES PERDIT AMANTES. 26.

Ah? comme il nuyst d'estre trop curieuse?
Psiché pensant acroistre sa beauté
Ouurit la boiste, ou peste furieuse
Estoit enclose, & mort, & cruauté:
Et si ne fust la grande loyauté
De Cupido, qui la releue en voye,
Elle mouroit: mais ayant rebouté   XXVIII
Les maux au vase, à Venus la renuoye.

où l'on le gardoit ; & comme un
aſſez long repos avoit fortifié ſes
aîles, il va d'un ſeul vol à l'endroit où elle étoit. Il ramaſſe
toute cette vapeur aſſoupiſſante
dont elle étoit entourée, & la
renferme dans la boëte ; enſuite
il l'éveille, en la piquant doucement d'une de ſes fléches. Eh
bien ! lui dit-il, infortunée Pſiché,
votre curioſité ne vous a-t'elle
pas mis encore à deux doigts de
votre perte ; mais ne perdez point
de tems, allez, exécutez l'ordre
que ma mere vous a donné, je
prendrai ſoin du reſte. Il s'envole
en achevant ces mots, & Pſiché
ſe hâte d'aller porter à Venus le
préſent de Proſerpine.

Cependant Cupidon brûlant
d'amour, & craignant que ſa mere
ne le livrât bien-tôt à la Sobriété,
dont elle l'avoit menacé, eut re-
cours à ſes ruſes ordinaires. Il
éleve ſon vole juſques dans les

cieux, va se jetter aux pieds de Jupiter, & lui fait entendre ses raisons. Ce maître des Dieux, après l'avoir baisé, lui dit : Mon fils, dont j'éprouve moi-même le pouvoir, quoique tu ne m'ayes jamais rendu les honneurs que je reçois des autres Dieux ; quoique tu m'ayes souvent blessé, moi qui regle les Elemens & le cours des Astres, & que m'ayant enflamé tant de fois pour des beautés mortelles, tu m'ayes diffamé parmi les hommes, en me faisant commettre contre les bonnes mœurs, & contre les loix un grand nombre d'adulteres, & m'obligeant de couvrir ma divinité sous je ne sçai combien de formes ridicules, de serpent, de feu, de bêtes farouches, d'oiseaux & d'autres animaux ; cependant je n'écouterai que ma bonté ordinaire, d'autant plus que tu as été élevé dans mes bras. Tu peux donc t'assurer

que

Amour aymant vne qu'il fist amante,
Et esprouuant en soy comme aultre il poingt,
A Iupiter fait requeste exprimante
Lennuy quil à de Psiché : n'auoit poinct?
Ce dieu qui s'est souuent veu en ce poinct
En eut pitié, & commande à mercure   XXIX.
Que tous les dieux à l'instant & à poinct
Souz grosse peine assembler il procure.

que je t'accorderai tout ce que
tu demandes, à condition néanmoins que tu auras des égards
pour ceux qui aiment comme
toi, & que si tu vois sur la terre
quelque fille d'une excellente
beauté, tu la rendras sensible
pour moi, en reconnoissance du
service que je te vais rendre.

Jupiter ayant ainsi parlé, donne
ordre à Mercure de convoquer
promptement une assemblée de
tous les Dieux, & de déclarer
que ceux qui ne s'y trouveroient
pas seroient mis à une grosse
amende. La crainte de la payer
les fait venir de toutes parts ; ils
prennent tous leurs places ; & Jupiter assis sur son trône leur parle
ainsi. « Dieux, dont le nom est «
écrit dans le livre des Muses, «
vous connoissez tous cet enfant, «
leur dit-il en montrant l'Amour, «
il a été élevé dans mes bras ; «
j'ai formé le dessein de mettre «

» un frein à l'impétuosité de ses
» premiers feux ; il est assez perdu
» de réputation, par tous les mau-
» vais discours qu'on tient de ses
» débauches ; il faut lui ôter l'oc-
» casion de les continuer, & mo-
» derer par le mariage l'ardeur
» de sa jeunesse : il a fait choix
» d'une fille, il l'a séduite, je
» suis d'avis qu'il l'épouse, & qu'il
» soit heureux & content avec
» Psiché dont il est amoureux.
» S'adressant ensuite à Venus : Et
» vous, ma fille, lui dit-il, ne vous
» affligez point, & ne craignez
» point que votre fils déroge à
» sa naissance en épousant cette
» mortelle ; je vais rendre les con-
» ditions égales, & faire un ma-
» riage dans toutes les formes. «
Et sur le champ ayant donné ordre à Mercure d'amener Psiché
dans le ciel, il lui présente un
vase plein d'ambroisie ? *Prenez*
Psiché, lui dit-il, *& soyez immor-*

Tost fut remply soit par crainte ou deuoir
Des Immortelz le celeste pourpris,
Se prend le Roy à leur faire sçauoir,
Qu'il à d'enfance Amour en amour pris,
Combien qu'il fut d'inconstance repris :
Et qu'or voulant à Psiché l'arrester,
Il à des dieux l'aliance entrepris,   XXX
Pourtant la fait par Mercure aporter.

Grand fut l'effait de la douce ambrosie,
Qui la purgea d'impure humanité:
Grand fut l'honneur, l'acueil, la courtoysie
Qu'elle receut de celle affinité,
La de plaisirs y eut infinité   XXXI.
Chacun faisant ce que plus le delecte,
Deux Nymphes ont par tout mis & ieté
Mainte fleur belle & fraische Viollette.

telle, jamais l'Amour ne se séparera de vous, je l'unis à vous pour tou-jours par les liens du mariage.

Aussi-tôt on dressa le somptueux appareil du festin de la nôce ; l'Amour & sa Psiché occupoient les premieres places, Jupiter & Junon étoient ensuite, & après eux toutes les autres Divinités selon leur rang. Ganiméde, ce jeune Berger, l'échanson de Jupiter, lui servoit à boire du nectar. Bacchus en servoit aux autres Dieux, Vulcain faisoit la cuisine, les Heures semoient des fleurs de tous côtés, les Graces répan-doient des parfums, & les Muses chantoient. Apollon joüa de la lire, Venus dansa de fort bonne grace ; & pendant que les neuf Muses formoient un chœur de musique, un Satire joüoit de la flute, & Pan du flageollet. C'est ainsi que Psiché fut mariée en forme à son cher Cupidon. Au

bout de quelque tems ils eurent
une fille, que nous appellons la
Volupté.

Voilà le conte que cette vieille,
à moitié yvre, faisoit à la jeune
fille, que les voleurs tenoient pri-
sonniere, & moi qui l'avois écouté
d'un bout à l'autre, j'étois véritablement fâché de n'avoir point
de tablettes pour écrire une aussi
jolie fable que celle-là. Dans le
moment, nos voleurs arriverent
tous chargez du butin ; il falloit
qu'ils eussent essuyé quelque rude
combat ; car il y en avoit plusieurs
de blessés qui resterent dans la
caverne pour panser leur playes,
pendant que ceux qui étoient les
plus alertes se disposoient à aller
querir le reste de leur vol qu'ils
avoient caché, à ce qu'ils disoient,
dans une grotte. Après qu'ils eurent mangé un morceau à la hâte,
ils nous emmenerent, mon cheval
& moi, & nous firent marcher

à coups de bâton par des valons,
& des lieux détournez, jufqu'au
foir que nous arrivâmes fort fatigués proche d'une caverne, d'où
ils tirerent beaucoup de hardes,
& nous en ayant chargés, fans
nous laiffer prendre haleine, ils
nous firent repartir dans le moment. Ils nous faifoient marcher
avec tant de précipitation, craignant qu'on ne courût après eux,
qu'à force de coups dont ils m'af-
fommoient, ils me firent tomber
fur une pierre qui étoit proche
du chemin, d'où, tout bleffé que
j'étois au pied gauche & à la
jambe droite, ils me firent relever en me maltraitant encore plus
qu'auparavant. Jufqu'à quand, dit
l'un d'eux, nourrirons-nous cet
âne éreinté, dont nous tirons fi
peu de fervice, & que voilà préfentement encore boiteux. Il nous
a apporté le malheur avec lui,
dit un autre ; depuis que nous

l'avons, nous n'avons pas fait une seule affaire un peu confiderable ; nous n'avons prefque gagné que des coups, & les plus braves de notre troupe ont été tués. Je vous jure, dit un troifiéme, que nous ne ferons pas plûtôt arrivés avec ces hardes, qu'il femble fi fâché de porter, que je le jetterai dans quelque précipice pour en régaler les Vautours.

Pendant que ces honnêtes gens raifonnoient ainfi entr'eux fur la maniere dont ils me feroient mourir, nous arrivâmes en peu de tems à leur habitation ; car la peur m'avoit, pour ainfi dire, donné des aîles. Ils déchargerent à la hâte ce que nous apportions, & fans fonger à nous donner à manger, ni à me tuer, comme ils avoient dit, ils fe remirent tous en chemin avec précipita-tion, emmenerent avec eux leurs camarades, qui étoient reftés

d'abord à cause de leurs bleſſures.
Ils alloient, diſoient-ils, querir
le reſte du butin qu'ils avoient
fait, dont ils n'avoient pû nous
charger.

Je n'étois pas cependant dans
une petite inquiétude, ſur la menace qu'on m'avoit faite de me
faire mourir. Que fais-tu ici, Lucius, diſois-je en moi-même,
qu'attens-tu ? une mort cruelle
que les voleurs te deſtinent. Ils
n'auront pas grand peine à en
venir à bout, tu vois bien ces
pointes de rocher dans ces précipices ; en quelque endroit que tu
tombes, ton corps ſera briſé & tes
membres diſperſés. Que ne t'armes-tu d'une bonne réſolution ?
que ne te ſauves-tu pendant que
tu le peux faire ? tu as la plus belle
occaſion du monde de t'enfuir,
préſentement que les voleurs ſont
abſens. Crains-tu cette miſéra-
ble vieille qui te garde, qui ne

vit plus qu'à demi, que tu peux même achever de faire mourir tout-à-fait d'un seul coup de pied, quand ce ne feroit que de ton pied boiteux. Mais où iras-tu? qui voudra te donner retraite? Voilà certainement, continuois-je en moi-même, une inquiétude bien ridicule & bien digne d'un âne; car peut-il y avoir quelqu'un dans les chemins qui ne soit fort aise de trouver une monture, & qui ne l'emmene avec lui.

Dans le moment, faisant un vigoureux effort, je romps le licou qui me tenoit attaché, & je m'en fuis à toutes jambes. Je ne pûs cependant éviter que cette fine vieille ne m'apperçût. Si-tôt qu'elle me vit détaché, elle accourut à moi avec une force & une hardieffe au-deffus de son sexe & de son âge, me prit par le bout de mon licou, & fit tous ses effors pour me ramener : mais comme j'avois

33

j'avois toujours dans l'esprit la cruelle résolution que les voleurs avoient prise contre moi, je fus impitoyable pour elle, & lui lançant quelques ruades, je l'étendis tout de son long par terre. Quoiqu'elle fût en cet état, elle tint bon, & ne lâcha point mon licou[33]; de maniere qu'en fuyant je la traînai quelques pas aprés moi. Elle se mit à crier de toute sa force, & à appeller du secours ; mais elle avoit beau crier & se lamenter, il n'y avoit personne pour lui aider que cette jeune fille que les voleurs avoient prise, qui accourant au bruit, vit un fort beau spectacle. Elle trouva une vieille Dircé, traînée, non par un taureau, mais par un âne. Cette fille prenant une courageuse résolution, s'enhardit à faire une action merveilleuse ; car ayant arraché la longe de mon licou des mains de la vieille femme, & m'ayant

flatté pour m'arrêter, elle monte
tout d'un coup fur moi, & m'exci-
te à courir de toúte ma force.

L'envie que j'avois de m'enfuir
& de délivrer cette jeune fille,
jointe aux coups qu'elle me donnoit pour me faire aller plus vîte,
me faifoit galoper, comme auroit
pû faire un bon cheval. Je tâchois
de répondre aux paroles flateufes
qu'elle me difoit par mes hen-
niffemens, & quelquefois détour-
nant la tête pour faire femblant
de me gratter les épaules, je lui
baifois les pieds. Cette fille alors
pouffant un profond foupir, &
levant fes triftes yeux au ciel:
» Grands Dieux , dit-elle, ne
» m'abandonnez pas, dans l'ex-
» trême péril où je me trouve :
» & toi, fortune trop cruelle,
» ceffes d'exercer tes rigueurs
» contre moi; tu dois être con-
» tente de tous les maux que tu
» m'as fait fouffrir. Mais toi, cher

animal, qui me procures la li- «
berté, & me fauves la vie, fi tu «
me portes heureufement chez «
moi, & que tu me rendes à ma «
famille & à mon cher amant, «
quelles obligations ne t'aurai-je «
point ! quelles honneurs ne rece- «
vras-tu point de moi ! & com- «
ment ne feras-tu point foigné «
& nourri ! Premierement, je «
peignerai bien le crain de ton «
encollure, & je l'ornerai de «
mes joyaux. Je féparerai le poil «
que tu as fur la tête & le frife- «
rai ; je démêlerai auffi ta queuë «
qui eft affreufe à force d'être «
négligée ; j'enrichirai tout ton «
harnois de bijoux d'or, qui «
brilleront fur toi comme des «
étoiles, & quand tu paroîtras «
ainfi pompeux dans les ruës, «
le peuple te fuivra avec em- «
preffement & avec joye. Je te «
porterai tous les jours à manger «
dans mon tablier de foye, tout «

» ce que je pourrai imaginer de
» plus délicat & de plus friand
» pour toi, comme à l'auteur de
» ma liberté ; & même avec la
» bonne chere que tu feras, avec
» le repos & la vie heureuse dont
» tu joüiras, tu ne laisseras pas
» d'avoir beaucoup de gloire ;
» car je laisserai un monument
» éternel de cet événement &
» de la bonté des Dieux ; je ferai
» faire un tableau qui représen-
» tera cette fuite, que j'attache-
» rai dans la grande salle de ma
» maison. On le viendra voir,
» on en contera l'histoire en tous
» lieux, & la postérité la verra
» écrite par les fameux Auteurs,
» sous ce titre : *L'illustre Fille se*
» *sauvant de captivité sur un âne.*
» Cette avanture sera au nom-
» bre des merveilles de l'anti-
» quité ; & comme on sçaura
» qu'elle est véritable, on ne dou-
» tera plus que Phryxus n'ait

34

35

Gioue, che mai non ſi ſatiò d'amare,
Ne ſtimò più di queſto altro teſauro,
Viſto ch' Europa di bellezza pare
Non ha, ſpiegando al ſole i bei crin d'auro,
Doue ei la vede gir vicina al mare
Se l'accoſta, & humilia in bianco tauro,
Quella il doſſo gli preme, & ei nell'onda
Lieto con eſſa varca all' altra ſponda.

traversé la mer sur un Bêlier «
qu'Arion' ne se soit sauvé sur le «
dos d'un Dauphin, & qu'Europe «
n'ait été enlevée par un Tau- «
reau. Que s'il est vrai que Jupi- «
ter ait paru sous la forme d'un «
Taureau, il n'est pas impossible «
que sous la figure de cet Ane «
quelqu'homme ou quelque Dieu «
ne soit caché. »

Pendant que cette fille rai-
sonnoit ainsi, & qu'elle faisoit
des vœux au ciel, en soupirant
continuellement, nous arrivâmes
à un carrefour. Aussi-tôt elle me
tourna la tête avec mon licou,
pour me faire aller à main droite,
parce que c'étoit le chemin qui
conduisoit chez son pere ; mais
moi qui sçavois que les voleurs
avoient pris cette route, pour aller
chercher le reste du vol qu'ils
avoient fait, j'y résistois de toute
ma force. A quoi penses-tu ?
disois-je en moi-même, fille

infortunée ? que fais-tu ? quel
eſt ton empreſſement de chercher la mort ? pourquoi me
veux-tu faire aller par un chemin,
qui ſera celui de notre perte à
l'un & à l'autre. Pendant que
nous étions dans cette conteſta-
tion, la fille me voulant faire aller
à droit, & moi voulant aller à
gauche, comme ſi nous euſſions
diſputé pour les limites d'un hé-
ritage, pour la propriété d'un
terrain, ou pour la ſéparation,
d'un chemin ; les voleurs qui re-
venoient chargés du reſte de leur
butin, nous rencontrent, & nous
ayant reconnus de loin au clair
de la lune, ils nous ſaluent avec
un ris moqueur. Pourquoi, nous
dit l'un de la troupe, courez-
vous ainſi à l'heure qu'il eſt ? n'a-
vez-vous point de peur des eſprits
& des fantômes qui rodent pendant la nuit ? étoit-ce pour aller
voir vos parens en cachette, la

bonne enfant, que vous faisiez
tant de diligence ? Mais nous vous
donnerons de la compagnie dans
votre solitude, & nous vous mon-
trerons un chemin plus court que
celui-ci, pour aller chez vous. En
achevant ces mots, il étend le
bras, me prend par mon licou,
& me fait retourner sur mes pas
en me frappant rudement avec un
bâton plein de nœuds qu'il tenoit
en sa main.

Alors voyant qu'on me faisoit
aller par force trouver la mort,
qui m'étoit destinée, je me sou-
vins de la blessure que j'avois au
pied, & commençai à boiter tout
bas, & à marcher la tête entre
les jambes. Oh ! ho ! dit celui qui
m'avoit détourné de notre chemin, tu chancelles & tu boites
plus que jamais ; tes mauvais pieds
font excellens pour fuir, mais
pour retourner ils n'en ont pas la
force : il n'y a qu'un moment que

tu surpassois en vitesse Pégase
même avec ses aîles. Pendant
que ce bon compagnon plaisan-
toit ainsi agréablement avec moi,
me donnant de tems en tems
quelques coups de bâton, nous
avancions toujours chemin ; nous
arrivâmes enfin à la premiere en-
ceinte du lieu de leur retraite.
Nous trouvâmes la vieille femme
penduë à une branche d'un grand
Ciprès. Les voleurs commencé-
rent par la détacher, & la jettérent dans un précipice, avec la
corde qui l'avoit étranglée,
qu'elle avoit encore au cou.
Ayant ensuite lié & garotté la
jeune fille, ils se jettent comme
des loups affamés sur des viandes que la malheureuse vieille
leur avoit apprêtées ; & pendant
qu'ils les mangent, ou plûtôt qu'ils
les dévorent, ils commencent à
délibérer entr'eux quelle ven-
geance ils prendroient de nous,

& de quel supplice ils nous feroient mourir.

Les opinions furent differentes,
comme il arrive ordinairement
dans une assemblée tumultueuse;
l'un disant, Qu'il falloit brûler
la fille toute vive ; un autre étoit
d'avis qu'elle fût exposée aux
bêtes féroces ; le troisiéme la con-
damnoit à être penduë ; le quatriéme vouloit qu'on la fît mourir au milieu des supplices ; enfin,
soit d'une maniere ou d'une autre, il n'y en avoit pas un seul qui
ne la condamnât à la mort. Un
d'entr'eux s'étant fait faire silence, commença à parler ainsi.

Il ne convient point aux ré-
gles de notre société , à la clé-
mence de chacun de vous en
particulier, ni à ma modération,
qu'on punisse cette fille avec tant
de rigueur, & plus que sa faute
ne le mérite. Il n'est pas juste de
l'exposer aux bêtes, de l'attacher

au gibet, de la brûler, de lui
faire souffrir des tourmens, ni
même de hâter sa mort. Suivez
plûtôt mon conseil, accordez-
lui la vie, mais telle qu'elle le
mérite. Vous n'avez pas oublié,
je crois, la résolution que vous
avez prise, il y a long-tems,
touchant cet âne, qui travaille
fort peu, & qui mange beaucoup;
qui faisoit semblant d'être boiteux il n'y a qu'un moment, &
qui servoit à la fuite de cette fille.
Je vous conseille donc d'égorger
demain cet animal, de vuider
toutes ses entrailles, & que cette
fille qu'il a préférée à nous, soit
enfermée toute nuë dans son
ventre; de maniere qu'elle n'ait
que la tête dehors, & que le reste
de son corps soit caché dans celui de l'âne, qu'on aura recousu;
& de les exposer l'un & l'autre,
en cet état, sur un rocher à l'ardeur du Soleil. Ils seront ainsi

punis tous deux, de la maniere
que vous l'avez réfolu, avec beaucoup de juftice. L'âne fouffrira la
mort qu'il a méritée depuis long-
tems, & la fille fera la pâture des
bêtes, puifque les vers la man-
geront. Elle fouffrira le fupplice
du feu, quand les rayons brûlans
du Soleil auront échauffé le corps
de l'âne ; elle éprouvera les tourmens de ceux qu'on laiffe mourir
attachés au gibet, quand les
chiens & les vautours viendront
dévorer fes entrailles. Imaginez-
vous encore tous les autres fup-
plices où elle fera livrée ; elle fera
enfermée vivante dans le ventre
d'une bête morte ; elle fentira
continuellement une puanteur in-
fupportable ; la faim l'accablera
d'une langueur mortelle, &
n'ayant pas la liberté de fes mains,
elle ne pourra fe procurer la mort.
Après que ce voleur eut ceffé de
parler, tous les autres approu-

verent son avis ; ce qu'ayant entendu de mes longues oreilles,
que pouvois-je faire autre chose
que de déplorer ma triste destinée, mon corps ne devant plus
être le lendemain qu'un cadavre.

Fin du sixiéme Livre.

REMARQUES
SUR
LE SIXIE'ME LIVRE.

1 *C*ER E's *l'apperçut* Le texte dit : *Ceres alma*, qui eſt l'épitéte qu'on lui donne ordinairement ; *alma* vient *d'alere*, *nourrir*. On la nomme ainſi à cauſe qu'elle eſt la Déeſſe des Bleds, & que c'eſt elle qui a appris aux hommes la maniere de les cultiver, & de s'en nourrir.

On faiſoit préſider Cerés à toute l'œconomie champêtre. Pauſanias fait mention d'un autel où on lui offroit des fruits, du miel, de la laine, & d'autres choſes de cette nature ; des ſerpens & une truye pleine, & ſur tout du pavot, à cauſe de la fécondité de ſa graine, mais point de vin. De la vient que Plaute dans l'Aululaire, parlant d'une nôce où il n'y avoit point de vin, dit plaiſamment, que c'étoit des nôces de Cerés. On la repréſentoit dans un char tiré par deux dragons aîlés, tenant

des pavots en une main , & une torche
ardentes en l'autre , avec une couronne
d'épis de bled fur la tête.

*Par les facrifices myfterieux qu'on célébre
pour vous.* Le Latin dit, *Per tacita facra
Ciftarum, Par vos fecrets myfteres enfermés
dans des corbeilles.* Je n'ai pas exprimé cet
endroit tout-à-fait tel qu'il eft, parce
qu'il n'auroit pas été affez intelligible
pour tout le monde. Ces corbeilles d'o-
fier où étoient enfermés les chofes
facrées au culte de Cerés , étoient por-
tées dans les cérémonies par des femmes qu'on appelloit *caniftriferæ.*

Par la fertilité de la Sicile. La Sicile étoit
confacrée à Cerés & à fa fille Proferpine,
parce qu'on croyoit qu'elles y avoient
pris naiffance, & que c'étoit le premier
endroit de l'univers où l'on eût commencé à cultiver la terre. Cette ifle eft
fi abondante en bled, qu'on la nommoit
le grenier de l'Italie.

*Par fa demeure dans les Enfers , & fes
retours fur la terre.* Pour appaifer Cerés,
qui étoit fort en colere & fort affligée
de la perte de fa fille que Pluton avoit
enlevée, l'on convint que Proferpine ,
pafferoit fix mois de l'année dans les
Enfers avec lui, & les autres fix mois

fur la terre avec fa mere. Ceux qui re-cherchent les vérités que les Fables en-veloppent, difent, que Cerés, qui eſt priſe pour la terre, donne la vie à Pro-ſerpine, qui eſt ſa ſemence, laquelle demeure durant les ſix mois de l'Hyver dans le ſein de la terre, & pouſſe au Printems, & paroît durant les autres ſix mois.

Le Temple d'Eleuſis. Eleuſis étoit une ville de l'Attique, entre Megare & le port de Pirée; elle ſe nomme aujour-d'hui Leptine. Cerés y avoit un Tem-ple magnifique.

Dans les anciens Temples de Samos. Iſle de la Mer Egée, près de l'Ionie, Pro-vince de l'Aſie Mineure; on la nomme préſentement Samo. Junon y avoit été élevée avant que d'être mariée à Ju-piter.

Où l'on vous adore ſous la figure d'une fille qui monte au ciel ſur un Lion. Virgile nous apprend que Junon aimoit parti-culieremenr Carthage. Elle y étoit ado-rée, comme il paroît par cet endroit de notre Auteur, en qualité de fille, & com-me montant au ciel ſur un Lion, pour y célébrer ſes nôces avec Jupiter. Les Carthaginois la nommoient *Celeſtis, Cé-*

lefte ; il y a poutant des Auteurs qui ont prétendu que cette célefte Divinité de Carthage étoit Cybéle, & d'autres que c'étoit Venus. Stephanus, *de Urbibus*, fait mention d'un Temple dans la ville d'Hermione, confacré à Junon vierge.

Dans la fameufe ville d'Argos qu'arrofe le fleuve Inachus. Argos ville du Peloponéfe, dont le premier Roi fut Inachus, qui donna fon nom au fleuve de cette Peninfule. On le nomme aujourd'hui Planizza.

Vous qu'on honore dans tout l'Orient fous le nom de Zygia. Lipfe croit qu'il faut lire ici *Syria*, & non pas *Zygia*. Lucien dit, que c'étoit Junon que l'on honoroit en Orient fous le nom de la Déeffe de Syrie, dont il fera parlé dans la fuite. Elle avoit dans la ville d'Hiérapolis un Temple dont il fait la defcription.

Lylius Gyraldus, qui a recherché fort exactement tout ce qui concernoit les Dieux de l'antiquité, & leurs differens noms & cultes, rapporte ce paffage de notre Auteur avec le mot de Zygia. Il eft certain que les peuples de la grande Grece, aujourd'hui le Royaume de Naples, qui eft à l'Orient de l'Italie, honoroient Junon fous le nom de Zygia, qui

répond

3

répond au terme de *Jugalis*, ou *Conjugalis*, c'eſt-à-dire, *Déeſſe des Mariages*. Il y avoit même à Rome un autel dédié à *Juno Juga*, dans une ruë qu'on appelloit *vicus Jugarius*, à cauſe de cela ; & il y a apparence que ce n'étoit pas dans la ſeule Grece Italienne qu'elle étoit con- nuë ſous ce nom-là.

2 *Et ſous celui de Lucine dans l'Occident.* L'Auteur entend par l'Occident l'Italie, où l'on honoroit Junon ſous le nom de *Lucine* Déeſſe préſidant aux enfante- mens ; fonction qui lui avoit donné ce nom, qui vient de *lux*, *lumiere*, parce qu'elle aidoit à mettre les enfans au jour.

3 *Junon ſecourable.* Le texte dit, *Juno ſoſ- pita*, *Junon conſervatrice*. Elle avoit un Temple ſous ce nom dans la ville de Lanuvium, où tous les Conſuls que l'on créoit à Rome étoient obligés d'aller ſacrifier. Tite-Live l. 8. rapporte que le droit de Bourgeoiſie Romaine fut ac- cordé à cette ville, à condition que le Temple & le bois de *Juno ſoſpita*, qui étoit chez eux, fût commun au peuple Romain avec eux.

Vous proteger contre Venus qui eſt ma bru. Venus étoit la bru de Junon, ayant époufé Vulcain fils de cette Déeffe.

Mercure dont elle avoit befoin. Ce fils de Jupiter & de la Nymphe Maïa, préfidoit au commerce, étoit le Dieu des Voleurs & le Meffager des Dieux ; il avoit encore l'emploi de conduire les ames des morts aux Enfers.

Vous fçavez, mon frere. Le texte dit, *frater Arcas, mon frere Arcadien,* parce qu'il étoit né en Arcadie fur le mont Cylléne. Venus l'appelle fon frere, parce que, felon quelques-uns, elle étoit fille de Jupiter, auffi-bien que Mercure ; ou bien elle l'appelle ainfi par amitié & pour le flatter, parce qu'elle avoit befoin de lui.

Je cherche une de mes efclaves. Dans le droit Romain, toute femme de condition libre, qui s'abandonnoit à un efclave, étoit déchuë de fa liberté. Mais ce ne peut être ici la raifon qui oblige Venus à appeller Pfiché fon efclave, puifque Cupidon n'étoit point efclave de Venus. Il faut donc regarder le terme d'efclave, dont elle fe fert, comme une marque de fon indignation, & un effet de la réfolution où elle eft de traiter Pfiché avec toute la dureté que les maîtres étoient en droit d'exercer fur leurs efclaves.

Derriere les Piramides Murtiennes. C'é-
toient des bornes en pointe ou en pira-
mide, qui étoient à Rome au bout du
Cirque, lieu des courses de chariots. Il
y avoit de ces bornes dédiées à Neptune, à Mars & à plusieurs autres Dieux.
Celles de Venus se nommoient Murtiennes, parce que l'on appelloit cette
Déesse *Murtia* ou *Mirthea* de *Mirtus*,
qui signifie *Mirte*, arbre qui lui est con-
sacré, comme l'olivier l'est à Pallas, la
vigne à Bacchus, &c.

    *Et un autre assaisonné de tout ce qu'un
baiser peut avoir de plus doux.* Cet endroit
est un peu adouci dans la traduction.

    Arrosent les marais du Stix. Le Stix est
une fontaine d'Arcadie, qui prenoit sa
source au pied d'une montagne voisine
de la ville de Nonacris. Ces eaux étoient
si corrosives, qu'elles rongeoient le fer
& le cuivre, & brisoient tous les vaisseaux où l'on la mettoit ; on ne pouvoit
en conserver que dans un vase de corne
de pied de cheval. Plusieurs croyent que
ce fut avec de cette eau qu'Antipater
empoisonna Alexandre le Grand. Les
mauvaises qualités de cette fontaine
ont donné lieu aux Poëtes de feindre
que ses eaux couloient dans les Enfers.

L l ij

Lorſque les Dieux faiſoient un ſerment ſolemnel, ils juroient par le Stix, fleuve de triſteſſe & de douleur, comme par ce qui étoit le plus oppoſé à leur nature, qui étoit la joye & le plaiſir.

Et groſſiſſent le fleuve du Cocyte. Fleuve des Enfers, ſelon les Poëtes ; ſon nom ſignifie *plainte, gémiſſement.*

Aſſez proche de la fameuſe ville de Lacedemone. C'étoit la capitale de Laconie, dans le Péloponéſe, aujourd'hui Miſitra ville de la Morée.

ʒ *Vous y trouverez le Tenare.* C'eſt un cap de Laconie, proche duquel on voit une caverne, que les Poëtes ont feint être une deſcente pour aller aux Enfers.

Un âne boiteux. Cela regarde quelque fable de ce tems-là, qui n'eſt point venuë juſqu'à nous.

Au fleuve des Morts. C'eſt l'Acheron ou le Cocyte.

Où vous verrez Caron. Ce Batelier des Enfers étoit fils de l'Erébe & de là Nuit. Virgile *dans le 6. l. de l'Eneïde,* le dépeint fort vieux & fort mal propre, avec une vilaine barbe blanche très-mal peignée.

Qui attend qu'on le paye. Les Anciens mettoient une piéce d'argent dans la bouche de ceux qui mouroient, per

4

DANT, SERVANT, PERDVNT, TERNA ISTÆC NVMNIA VITAM
PARCÆ

ATROPOS
GLOTO
LACHESIS

ſuadés que s'ils n'avoient dequoi payer Caron, leurs ames ne paſſeroient point dans les Enfers, & demeureroient errantes ſur les bords de l'Acheron.

4 *Que Pluton lui-même, quelque grand Dieu qu'il ſoit, ne faſſe rien pour rien.* L'argent que les Morts donnoient à Caron pour leur paſſage aux Enfers, étoit pour Pluton, Caron n'étoit que ſon Fermier.

Le ſpectre hideux d'un vieillard. On ne trouve rien de cette fable dans aucun Auteur, non plus que de celles de l'âne & de l'ânier boiteux.

5 *De vieilles femmes occupées à faire de la toile.* Il ſembleroit que l'Auteur veut parler des Parques ; on ne diſoit pas cependant qu'elles fiſſent de la toile, on diſoit ſeulement qu'elles filoient.

Un chien d'une grandeur énorme, qui a trois têtes. C'eſt Cerbére, ce chien fameux, qui gardoit la porte des Enfers, & qui empêchoit les ames malheureuſes d'en ſortir. On dit que ce chien à trois têtes exprime le tems paſſé, le préſent & l'avenir, qui reçoit tout & le dévore pour ainſi dire, Hercule le dompta & l'enchaîna, dit-on, pour marquer que les actions héroïques ſont victorieuſes des âges & des tems, parce que la mémoire s'en conserve dans tous les siécles.

En me faisant commettre contre les bonnes mœurs & contre les loix un grand nombre d'adulteres. Le texte ajoute, *Et ipsam Juliam, Et même contre la loi Julia.* J'ai crû inutile de l'exprimer dans la traduction. C'étoit une loi qu'Auguste avoit faite contre les adulteres, à qui il avoit donné le nom de Julia, de son pere adoptif Jule-César. Horace a cette loi en vûë dans la 5. Ode du 4. l. elle est dans le digeste *l.* 48. *titre* 5.

De serpent, de feu, de bête farouches, &c. Voyez au 6. l. des Métamorphoses d'Ovide, les differentes formes que Jupiter a empruntées dans ses avantures amoureuses. C'est Arachné qui les représente dans un ouvrage à l'éguille qu'elle fait, lorsqu'elle tient tête à Pallas elle-même, & qu'elle prétend la surpasser en cet art.

Mœonis elusam designat imagine tauri Europam, &c.

Seroient mis à une grosse amende. Le texte dit, *A dix mille ecus d'amende.*

Dieux dont le nom est écrit dans le livre des Muses, Dei conscripti Musarum alba.

Album étoit une planche ou table blan-chie, où l'on écrivoit les noms de ceux qui compofoient quelque corps ou quelque fociété. Augufte fit faire un pareil tableau, où étoient les noms de tous les Sénateurs. L'Auteur feint que les noms des Dieux étoient ainfi écrits par les Mufes, & c'eft avec raifon, puifque c'eft principalement aux écrits des Poëtes que tant de Dieux doivent leur nom & leur être.

Un vafe plein d'ambrofie. C'étoit la viande des Dieux. Ce nom tiré du Grec fignifie *immortalité.* Cette nourriture fut nommée ainfi, parce que les mortels n'en mangeoient point, ou parce que ceux qui en mangeoient devenoient immortels. Le Nectar étoit la boiffon des Dieux.

Bacchus en verfoit aux autres Dieux. Bacchus eft trop connu pour en parler ici Herodote dit, qu'il n'y eût que les Scytes feuls qui ne voulurent point reconnoître Bacchus, difans que c'étoit une chofe ridicule d'adorer un Dieu qui rendoit les hommes infenfés & furieux, L'antiquité lui a donné plufieurs noms, entr'autres ceux de *Liber* & de *Lyœus,* parce que le vin réjoüit, & délivre l'esprit des chagrins qui se rencontrent dans la vie.

Vulcain faisoit la cuisine. Parce qu'il étoit le Dieu du Feu, ou le Feu même, selon les Poëtes.

C'est ainsi que Psiché fut mariée en forme à son cher Cupidon. Le texte dit, *Sic rite Psiche convenit in manum Cupidinis.* Il y avoit trois manieres de faire les mariages chez les Anciens, la premiere se faisoit *usu, par le seul usage,* lorsqu'une femme libre demeuroit un an entier & sans interruption avec un homme libre comme elle ; & alors quoiqu'ils n'eussent fait aucune convention matrimoniale, ils ne laissoient pas d'être regardés comme mari & femme ; leurs enfans étoient légitimes & succedoient à leurs biens. Il faut remarquer que pendant cette année, qu'un homme & une femme, en demeurant ensemble, établissoient leur mariage ; trois jours d'absence de l'un ou de l'autre, suffisoient pour interrompre *l'usage,* & pour rendre le mariage nul.

La seconde maniere de se marier & la plus ordinaire, s'appelloit *per coëmptionem, par achat réciproque,* lorsqu'on faisoit des conventions matrimoniales,

que

que la femme apportoit de son côté sa dot, & que le mari en récompense lui donnoit un doüaire qu'on appelloit *donatio propter nuptias* ; & comme ils se mettoient dans la main l'un de l'autre quelque piéce d'argent pour marque de ces dons réciproques, cela s'appelloit, *convenire in manum* ; c'est la maniére qui est ici exprimée par Apulée au mariage de Psiché & de Cupidon.

La troisiéme maniére de se marier, étoit plus religieuse que les autres, elle s'appelloit *per confarreationem* ; c'étoit lorsque le mariage se célébroit par le Grand-Prêtre ou par le Prêtre de Jupiter nommé *flamen Dialis* avec quantité de cérémonies, entr'autres avec *la mole salée*, qui étoit une pâte faite avec de la farine d'orge appellée *far*, d'où vient le mot de *confarreatio*, & de quelques autres grains & avec du sel ; il falloit dix témoins pour ces sortes de nôces, & un sacrifice solemnel. Toutes ces cérémonies rendirent dans la suite ces sortes de mariages bien plus rares que les autres ; & ils ne se pratiquoient guére qu'entre les enfans des Prêtres, parce qu'il falloit être issu d'un semblable mariage pour être admis au Sacerdoce.

Tome I. M m

Ils eurent une fille que nous appellons la Volupté. Cette Déeſſe avoit un Temple à Rome, où elle étoit repréſentée com_me une jeune & belle perſonne, avec l'air & l'ajuſtement d'une Reine, qui tenoit la vertu ſous ſes pieds.

Et les membres diſperſez, il y a enſuite une phraſe dans le texte, que j'ai omiſe. La voici : *Nam & illa præclara Magia tua, vultum, laboreſque tibi tantum aſini, verum corium, non aſini craſſum, ſed hirudinis tenue membranulum circumdedit.* Car cette belle Magie dont tu étois ſi curieux, a bien changé ta figure en âne, & t'a réduit aux miſéres de cet animal, mais elle ne t'en a pas donné la peau dure & épaiſſe, au contraire elle a couvert ton corps d'une peau auſſi délicate que celle d'une ſanſue. Il paroît en cet endroit qu'Apulée ne ſe ſouvient pas, qu'il a dit en décrivant ſa métamorphoſe en âne L. 3. que ſa peau délicate s'étoit changée en un cuir dur & épais.

Je ne pus cependant éviter que cette fine vieille ne m'apperçût; il y a dans le texte, *nec tamen aſtutulæ anus milvinos oculos effugere potui*; je ne pus cependant me dérober aux yeux de Milan de cette fine vieille. Je n'ai pas cru fort néceſſaire d'exprimer les yeux de Milan. Les oyseaux de proye, comme on sçait, sont de tous les animaux ceux qui ont la vûë la plus perçante.

Une vieille Dircé, elle étoit femme de Lycus Roi de Thebes, ce Prince l'avoit épousée après avoir répudié Antiope, dont Jupiter avoit eu Zetus & Amphion : Ces deux Princes pour vanger leur mere, tuerent Lycus, & firent attacher Dircé à la queüe d'un taureau sauvage, qui la mit en piéces. Les Dieux en eurent pitié, & changerent son sang en une fontaine qui porta son nom.

Fin du premier Tome. II.